더 이상은
절대 틀리지 않는
맞춤법

HR기획 글

효리원
hyoreewon.com

맞춤법이 뭐예요?

맞춤법은 '말을 글자로 쓸 때 지키는 규칙'을 말해요.
우리말은 소리 글자라서 보통 소리 나는 대로 글자를 써요.

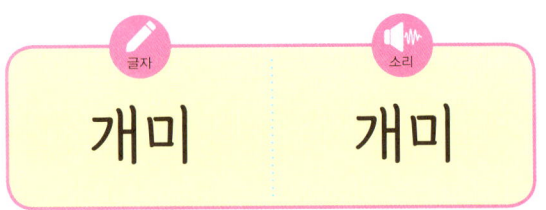

개미는 소리와 글자가 같아요.
개미라고 읽고 개미라고 써요.

소리와 글자가 다른 말도 있어요!

받침 글자나 소리 내기 까다로운 글자는 말할 때 소리가 달라지는데,
소리가 달라져도 글자는 제대로 써야 해요.
그래서 소리와 글자가 다른 낱말이 생기게 된답니다.

❶ 받침 때문에 소리가 달라지는 말

 받침 글자 뒤에 모음 'ㅇ'이 오면,
받침이 뒤로 넘어가서 소리가 나요.

받침 뒤에 자음이 올 때
소리가 바뀌기도 해요.

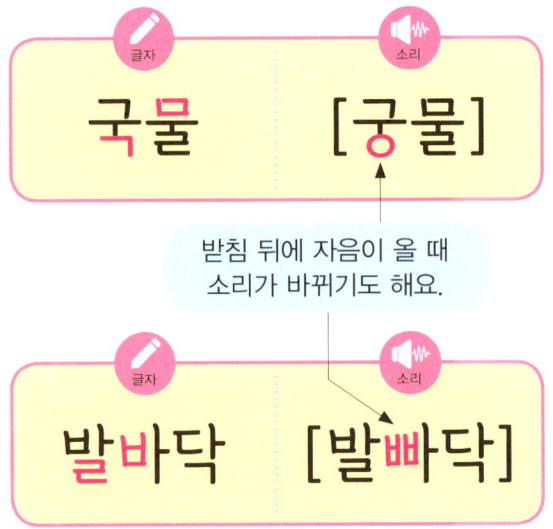

많은 친구들이 받아쓰기할 때 받침 글자를
자주 틀려요. 받침이 뒷글자의 첫소리로
넘어가거나 닮은 소리나 거센 소리로 바뀌어서
소리 나는 것을 그대로 쓰면 안 되거든요.

❷ 소리만으로 구별하기 어려운 말

'계'와 '게'는 생김새와
소리가 아주 비슷해요.

* 반드시 지켜라.

* 반듯이 앉아라.

'반드시'와 '반듯이'는 소리는 같지만 전혀 다른 글자예요.

생김새와 소리가 비슷한 이중모음 글자나, 글자는 다른데 소리가 똑같은 글자는
무척 헷갈려요. 자꾸 써 보면서 올바른 글자를 정확히 알아 두어야 해요.

❸ 뜻을 구별해서 써야 하는 말

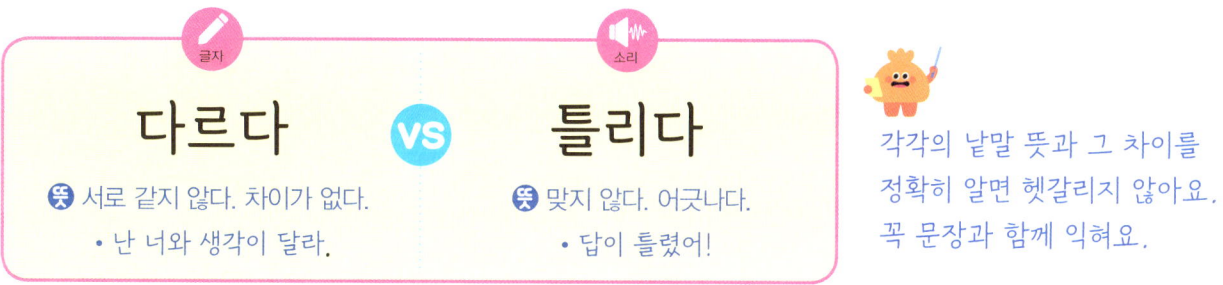

다르다 VS 틀리다

🗨 서로 같지 않다. 차이가 없다.
 * 난 너와 생각이 달라.

🗨 맞지 않다. 어긋나다.
 * 답이 틀렸어!

각각의 낱말 뜻과 그 차이를
정확히 알면 헷갈리지 않아요.
꼭 문장과 함께 익혀요.

습관적으로 혼동해서 쓰는 말들이 있어요.
비슷해 보여도 뜻이 전혀 다른 말이라 구별해서 써야 해요.

원리와 차이를 알면 쉬워요!

소리와 글자가 달라지는 원리, 비슷하게 생겼지만 뜻이 다르거나
띄어쓰기로 인해 달라지는 말뜻의 차이를 깨우치면, 한글은 배우기 쉽고
쓰기 편해요. 자꾸 반복해서 쓰다 보면 금세 맞춤법 박사가 될 거예요!

기본이 반듯한 맞춤법
띄어쓰기와 문장 부호

규칙이 있는 맞춤법
생김새와 소리가 다른 말

받침이 뒤로 넘어가서 소리 나는 말

비슷하게 소리 나서 구별해야 하는 말

틀리기 쉬운 맞춤법

셋째 마당 제대로 알고 바르게 말하기

헷갈리는 맞춤법

넷째 마당 구별해서 정확하게 쓰기

맞춤법! 왜 틀릴까? ❶

띄어쓰기와 문장 부호

우리는 의미에 따라 말을 끊어서 하고,

말끝을 높이거나 낮추면서 물음이나 감정을 표현해요.

말뜻을 정확하게 전달하기 위해서지요. 글도 마찬가지예요.

 띄어쓰기를 하지 않거나 문장 부호를 잘못 쓰면

뜻이 엉뚱하게 전달되기도 한답니다.

띄어쓰기와 문장 부호 쓰기는 기본 중의 기본!

기본부터 반듯하게 세워요.

기본이 반듯한 맞춤법

❁ 띄어쓰기 왜 해요?!

→ 아 이 가 　 아 파 요 .

띄어쓰기를 잘못 하면 뜻이 엉뚱하게 전달돼요.

❁ 문장 부호를 꼭 써야 해요?!

→ 받 아 쓰 기 해 요 .

문장 부호에 따라 전혀 다른 뜻이 되기도 해요.

뜻을 생각하면서
어디서 끊어 말할지
생각해요.

엄마아빠사랑해.

→ 엄마 ∨ 아빠 ∨ 사랑해.

낱말과 낱말 사이는 **띄어 써요**. 그래야 말뜻을 이해하기 쉽거든요.

따라 쓰기 띄어 써야 할 부분에 ∨표시를 하고, 흐린 글자를 읽고 따라 써 보세요.

❶ 새✓신발

❷ 어디있니?

❸ 빨리밥먹자.

❹ 너왜웃어?

❺ 나너좋아해.

고쳐 쓰기 띄어쓰기에 맞게 ∨표시를 하고, 바르게 고쳐 쓰세요.

우 리✓아 이 맞 춤 법 공 부

아빠가죽을먹어요.

→ 아빠**가** ∨ **죽을** ∨ 먹어요.

 앞말에 붙어 **뜻을 분명하게 해 주는 말**이 있어요. **앞말에는 붙이고 뒷말은 띄어 써요.**

| −은 / −는 | −이 / −가 | −을 / −를 | −에 / −에게 |
| −에서 / −(으)로 | −와 / −과 / −의 | −부터 / −까지 | −라면 |

따라 쓰기 띄어 써야 할 부분에 ∨표시를 하고, 흐린 글자를 읽고 따라 써 보세요.

❶ 아이**가**ⱽ아파요. ·

❷ 학교**에서**보자. ·

❸ 밥**을**먹어야지. ·

❹ 너**부터**시작해. ·

고쳐 쓰기 띄어쓰기에 맞게 ∨표시를 하고, 바르게 고쳐 쓰세요.

너 와 나 는 친 하 잖 아 .

작은꽃이 예쁘게피었어.

→ 작은∨꽃이∨예쁘게∨피었어.

 말뜻을 자세하게 더하는 **꾸며 주는 말**은 꾸밈을 받는 말과 **꼭 띄어 써요.**

따라 쓰기 띄어 써야 할 부분에 ∨표시를 하고, 흐린 글자를 읽고 따라 써 보세요.

❶ 귀여운아기 ·

❷ 빨리가자. ·

❸ 너무속상해. ·

❹ 내가 사는집 ·

❺ 사람을 돕는손 ·

고쳐 쓰기 띄어쓰기에 맞게 ∨표시를 하고, 바르게 고쳐 쓰세요.

틀린글자를 바르게써.

안주면 못받지.
→ 안∨주면∨못∨받지.

꾸며 주는 말 **안**('아니'의 줄임말), **못**('할 수 없다'라는 의미)은 붙여 쓰기 쉽지만 **띄어 써야 해요.**

 따라 쓰기 띄어 써야 할 부분에 ∨표시를 하고, 흐린 글자를 읽고 따라 써 보세요.

❶ 진짜 안춥다.

❷ 우유를 못마셔.

❸ 기억이 안나.

❹ 밥을 못먹었어.

❺ 안자면 안돼!

고쳐 쓰기 띄어쓰기에 맞게 ∨표시를 하고, 바르게 고쳐 쓰세요.

숙제 안해서 못놀아.

밥 한그릇 물 두컵

→ 밥∨한∨그릇∨물∨두∨컵

 **수를 셀 때 쓰는 단위 말**이 있어요. 개수나 분량을 나타내는 말과 단위 말은 **띄어 써요.**

양말 한 켤레	의자 두 개	떡 세 덩이	나무 한 그루
집 한 채	커피 두 잔	물 한 방울	쌀 한 톨

따라 쓰기 띄어 써야 할 부분에 ∨표시를 하고, 흐린 글자를 읽고 따라 써 보세요.

❶ 사자 한✓마리

❷ 장미 세송이

❸ 자동차 두대

❹ 책 다섯권

고쳐 쓰기 띄어쓰기에 맞게 ∨표시를 하고, 바르게 고쳐 쓰세요.

한 명 더 오면 열 명!

너라면 할수있어!
→ 너라면Ⅴ할Ⅴ수Ⅴ있어!

다른 말에 기대어 쓰는 말이 있어요. 혼자 쓸 수 없지만, 붙이지 않고 **꼭 띄어 써요.**

큰 것 /아픈 데	먹을 거야	먹은 만큼	만난 지
먹었을 뿐	먹을 수	잠든 줄	한참 만

 **따라 쓰기** 띄어 써야 할 부분에 Ⅴ표시를 하고, 흐린 글자를 읽고 따라 써 보세요.

❶ 아픈✓데 없어? ·

❷ 큰것이 좋아! ·

❸ 먹은만큼 살쪄. ·

❹ 잠든줄 알았어. ·

고쳐 쓰기 띄어쓰기에 맞게 Ⅴ표시를 하고, 바르게 고쳐 쓰세요.

만난지 한참만이네.

문장 부호를 배워요

글을 쓸 때는 **쓰임에 맞게** 문장 부호를 써야 해요.

마침표
말을 마칠 때 써요.

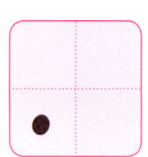

쉼표
말을 이어서 할 때 써요.

물음표
묻는 말에 써요.

느낌표
느낌을 표현할 때 써요.

작은따옴표
마음속으로만 하는 말이에요.

큰따옴표
인물이 소리 내어 한 말이에요.

말줄임표
말을 다하지 못할 때 써요.

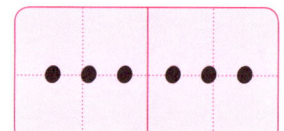

이름 알기 글을 읽고, 빨간색 문장 부호의 이름에 ○ 하세요.

밤하늘의 작은 별. 물음표 | (마침표)

엄청 반짝거려! 물음표 | 느낌표

모두 몇 개일까? 물음표 | 마침표

하나, 둘, 셋 쉼표 | 마침표

열둘, 열셋, 열넷…… 말줄임표 | 쉼표

"진짜 많다!" 큰따옴표 | 작은따옴표

'내 별은 어디 있지?' 작은따옴표 | 쉼표

이제 자야겠다. 마침표 | 느낌표

따라 쓰기 글을 읽으면서 문장 부호를 눈여겨보고, 또박또박 따라 써 보세요.

1. 호랑이를 만났어요 .
2. 으악, 진짜 무서워 !
3. 어디서 온 호랑이지 ?
4. 그래 , 못 본 척하자.
5. " 어이, 도망갈 생각 말고 떡 하나만 줘. "
6. ' 호랑이가 말을 하네? 근데 웬 떡? '
7. "없는데 …… ."

고쳐 쓰기 읽고 따라 쓰면서 틀린 문장 부호를 바르게 고쳐 보세요.

1. 날씨가 좋다,
2. "나가서 놀까."
3. "좋지!'
4. 갑자기 비가.......
5. '어쩌지?"
6. 비! 장화? 우산.

맞춤법! 왜 틀릴까? ❷

생김새와 소리가 다른 말

받침 글자는, 다른 받침인데 소리가 같거나
받침 때문에 소리가 달라지게 돼요. 그중 받침이
뒤로 넘어가 소리 나는 경우가 정말 많아요.
또 이중모음은 소리가 너무 비슷해서
글자가 무척 헷갈리지요.

 이럴 땐 소리와 글자가 달라지는
원리와 규칙을 알아 두면, 맞춤법에 맞게
바르게 글자를 쓸 수 있어요!

규칙이 있는 맞춤법

❋ 다른 받침이 같은 소리가 나고,
  같은 받침인데 다른 소리가 난다고요?

낙지 vs 낚시 [낙]
국물 [궁]

[　]은 소리를 표시하는 기호예요.

❋ 받침이 뒤로 넘어가서 소리 난다고요?

악어 [아거], 받아쓰기 [바다쓰기]
싹쓸이 [싹쓰리]

❋ 소리가 비슷해서 헷갈린다고요?

금세 ǀ 요새
게시판 ǀ 계획표

받침 글자는
소리 나는 대로 쓰면
틀려요! 원리와 규칙을
알고 바르게 써요.

글자

소리

낚시   낙시

ㄱ · ㄲ · ㅋ **받침**은 [ㄱ]으로 소리 내요. 소리가 같더라도 받침은 **구분해서 써야 해요.**

[ㄱ] 소리 받침 낱말   부엌 ∣ 까닭 ∣ 볶다 ∣ 넋 ∣ 안팎

따라 쓰기   [ㄱ] 받침소리 글자를 또박또박 읽고 바르게 써 보세요!

📢 읽어요! ✏️ 써요!

① [부엌] [부엌] 에서 설거지했지. ……

② [까닥] [까닭] 없이 불안해. ……

③ 김치를 [복다] [볶다] 밥을 넣어. ……
　　　➕ 섞다. 묶다. 닦다

④ 지금 [넉] [넋] 놓고 뭐하니? ……
　　➖ 정신이나 마음.

⑤ 집 [안팍] [안팎] 을 다 청소해. ……
　　➖ 안과 밖.

잠시 주목!
➕은 또 다른 예시 말,
➖은 뜻풀이, ❗은 덧붙
이는 설명이에요.

읽고 쓰기   받침소리에 집중하면서 읽고 따라 쓰세요.

낙지 ∣ 낚시 ∣ 넋 ∣ 녘 ∣ 밖 ∣ 닭

글자

소리

다섯   다섣

ㄷ·ㅅ·ㅈ·ㅊ·ㅌ 받침은 [ㄷ] 소리를 내요. 소리가 같아도 받침은 **구분해서 써야 해요.**

  [ㄷ] 소리 받침 낱말   대낮 ㅣ 빛깔 ㅣ 볕 ㅣ 온갖

✏️ **따라 쓰기**   [ㄷ] 받침소리 글자를 또박또박 읽고 바르게 써 보세요!

🔵 읽어요!   🔵 써요!

❶ 곧 | 다섣 | 다섯 | 시야.
➕ 여섯

❷ | 대낟 | 대낮 | 부터 자니?
➖ 환히 밝은 낮. ➕ 한낮. 밤낮

❸ 일곱 | 빋깔 | 빛깔 | 무지개.
➕ 불빛. 햇빛

❹ 여름 | 볃 | 볕 | 이 따가워요.
➕ 뙤약볕. 땡볕

❺ | 온갇 | 온갖 | 꽃이 피었어.
➕ 갖가지

✏️ **읽고 쓰기**   받침소리에 집중하면서 읽고 따라 쓰세요.

돋보기 ㅣ 돗자리 ㅣ 돛대 ㅣ 낮볕 ➖ 대낮의 햇볕.

 글자

 소리

무릎

무릅

ㅂ·ㅍ 받침은 [ㅂ] 소리를 내요. ㅍ받침 글자를 통째로 외우면 나머지는 ㅂ받침 글자예요.

 [ㅂ] 소리 받침 낱말 숲 ᐧ 앞 ᐧ 헝겊 ᐧ 높고

따라 쓰기 [ㅂ] 받침소리 글자를 또박또박 읽고 바르게 써 보세요!

🔊 읽어요! ✏️ 써요!

① 무릅 | 무릎 꿇고 앉아! ·

② 숩 | 숲 까지 걸어가 보자. ·
➕ 풀숲, 갈대숲

③ 압 | 앞 과 뒤가 다 막혔어. ·
➕ 앞뜰, 앞쪽, 앞치마

④ 헝겁 | 헝겊 조각을 꿰맸어. ·

⑤ 놉고 | 높고 푸른 하늘. ·
➕ 깊고

읽고 쓰기 받침소리에 집중하면서 읽고 따라 쓰세요.

무덥다 ᐧ 뒤덮다 ᐧ 입가 ᐧ 잎새

 글자

 소리

국물   궁물

받침이 어떤 자음을 만나면 발음하기 좋게 **소리가 변하기도 해요.** 글자는 본래대로 써요.

받침소리가 바뀌는 말 밥맛 | 설날 | 적는 | 닿네 | 한여름 | 풀잎 | 담요

 따라 쓰기 받침 때문에 소리가 달라지는 글자를 또박또박 읽고 써 보세요!

읽어요!   써요!

❶ 밤맏 밥맛 이 하나도 없어. ─────·
➕ 입냄새[임냄새], 협력[혐력]

❷ 설랄 설날 이니 떡국 먹자. ─────·
➕ 물난리[물랄리], 난로[날로]

❸ 이름 정는 적는 칸이야. ─────·
➕ 속는[송는]

❹ 손이 안 단네 닿네 . ─────·
➕ 좋네[존네], 쫓네[쫀네]

❺ 한녀름 한여름 날씨구나. ┈┈┈·
➕ 맨입[맨닙], 눈약[눈냑]

❻ 풀립 풀잎 이 파릇파릇해. ─────·
➕ 솔잎[솔립], 전철역[전철력]

❼ 추우면 담뇨 담요 를 덮어! ┈┈┈·
➕ 솜이불[솜니불]

글자 발바닥 / 소리 발빠닥

받침이 뒷말 첫소리와 합쳐서 **된소리 · 거센소리**로 바뀌는 경우에도, **글자는 본래대로 써요.**

소리가 세게 바뀌는 말 속도 | 갑자기 | 급히 | 빨갛게 | 꽂혀

따라 쓰기 받침 때문에 뒷말이 된소리 · 거센소리가 나는 글자를 또박또박 읽고 써 보세요!

읽어요! 써요!

1. 발빠닥 발바닥 이 아프다.
   ㄹ+ㅂ ···› [ㅃ] 손바닥[손빠닥]

2. 속또 속도 가 빠르다.
   ㄱ+ㄷ ···› [ㄸ] 각도[각또]

3. 갑짜기 갑자기 왜 울지?
   ㅂ+ㅈ ···› [ㅉ]

4. 그피 급히 먹으면 체해.
   ㅂ+ㅎ ···› [ㅍ] 입학[이팍]

5. 빨가케 빨갛게 단풍 들다.
   ㅎ+ㄱ ···› [ㅋ] 노랗게[노라케]

6. 책이 가득 꼬쳐 꽂혀 있어.
   ㅈ+ㅎ ···› [ㅊ] 부딪혀[부디쳐]

잠시 주목!

된소리는 ㄲ · ㄸ · ㅃ · ㅆ · ㅉ을 말해요. 또, ㅎ이 ㄱ · ㄷ · ㅂ · ㅈ을 만나면 **거센소리** ㅋ · ㅌ · ㅍ · ㅊ으로 바뀌어요.

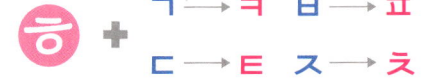

ㅎ + ㄱ → ㅋ, ㅂ → ㅍ, ㄷ → ㅌ, ㅈ → ㅊ

한글은 소리 나는 대로 쓰는 것이 원칙이죠.
하지만 앞서 살펴본 대로,
받침 때문에 소리와 글자가 달라지게 돼요.
받아쓰기할 때 진짜 자주 틀리는 경우는
다음에 살펴볼 두 가지 이유 때문이에요.
첫째, 받침소리가 뒷글자 첫소리로 넘어가서!
둘째, ㅐ-ㅔㅣㅐ-ㅔㅣㅙ-ㅚ-ㅞ처럼 이중모음 소리가
구별하기 어려워서!
자, 이제부터는 정신을 바짝 차려야 해요!

글자

소리

국어 　　　 구거

받침 뒤에 모음자가 오면 **받침이 뒤로 넘어가서 소리 나요.** 그렇지만 **글자는 본래대로 써요.**

 **ㄱ받침+ㅇ 낱말**　낙엽 ｜ 목요일 ｜ 트럭에 ｜ 더욱이

따라 쓰기　바른 낱말을 골라 ○ 하고 바르게 읽고 또박또박 따라 써요.

1 　구거　（국어）　시간이 좋아.
　➕ 먹이[머기], 악어[아거]

2 　낙엽　나겹　이 날려.
　➕ 독일[도길], 목욕[모굑]

3 벌써　모교일　목요일　이야.

고쳐 쓰기　틀린 낱말을 바르게 고쳐서 따라 써 보세요!

트러게 싣고 달린다.　❗트럭+에　➕ 트럭이[트러기], 트럭을[트러글]

키가 작은데, 더우기 몸도 약해.　➖그러한 데다 더.　➕ 일찍이[일찌기]

원고지에 쓸 때는 쉼표, 마침표 다음은 붙여 써야 보기 좋아요.

문어　　　　무너

ㄴ받침 뒤에 모음자가 오면 [ㄴ] 소리가 뒤로 넘어가서 나요. **글자는 받침을 살려 써요.**

ㄴ받침+ㅇ 낱말　연인 ㅣ 어린이 ㅣ 눈이 ㅣ 왕관을

📝 **따라 쓰기**　바른 낱말을 골라 ○ 하고 바르게 읽고 또박또박 따라 써요.

❶ (문어) 무너 다리는 몇 개?
➕ 연어[여너], 단어[다너]

❷ 둘은 연인 여닌 사이래요.
➕ 원인[워닌], 군인[구닌]

❸ 어리니 어린이 가 사는 나라.
➕ 글쓴이[글쓰니], 연예인[여녜인]

📝 **고쳐 쓰기**　틀린 낱말을 바르게 고쳐서 따라 써 보세요!

누니 펑펑 내린다.　❗눈+이 ➕ 눈에[누네], 눈을[누늘]

⋁　　　⋁

왕과늘 쓴 벌거숭이 임금님이야.　❗왕관+을 ➕ 왕관이[왕과니], 왕관은[왕과는]

⋁　　　⋁　　　　　⋁

글자

소리

믿음　　　미듬

ㄷ받침 뒤에 모음자가 오면 소리와 글자가 달라져서 **정확하게 읽고 바르게 써야** 해요.

ㄷ받침+ㅇ 낱말　받아쓰기 ｜ 발돋움 ｜ 얻어 ｜ 돋아난

 따라 쓰기　바른 낱말을 골라 ○ 하고 바르게 읽고 또박또박 따라 써요.

❶ 자신에게 ［미듬］［믿음］을 가져.

❷ ［바다쓰기］［받아쓰기］ 만점!
❗받(다)+아 ➕ 받아들이다

❸ ［발도움］［발돋움］ 해서 밖을 봐.
➖키를 높이려고 발끝만 디디고 섬.

고쳐 쓰기　틀린 낱말을 바르게 고쳐서 따라 써 보세요!

간신히 어더 냈지. ❗얻(다)+어 ➕얻으니, 얻을

파릇파릇 도다난 새싹이 귀여워. ➖속에서 겉으로 나오다. ➕쏟아진

 글자

 소리

싹쓸이 싹쓰리

ㄹ받침 뒤에 모음자가 와서 소리가 달라졌어요. **바르게 읽고 쓰는** 습관을 들여요.

ㄹ받침+ㅇ 낱말 울음 ｜ 목걸이 ｜ 물음표 ｜ 깃발이

 따라 쓰기 바른 낱말을 골라 ○ 하고 바르게 읽고 또박또박 따라 써요.

❶ | 우름 | 울음 | 을 그쳐.
➕ 얼음, 걸음, 졸음, 발음

❷ | 목거리 | 목걸이 | 가 눈에 띄네!
➕ 옷걸이, 길이

❸ | 물음표 | 무름표 | 는 문장 부호야.
➕ 놀이터, 월요일, 필요

고쳐 쓰기 틀린 낱말을 바르게 고쳐서 따라 써 보세요!

깃바리 펄럭입니다. ❗깃발+이 ➕ 깃발은, 깃발을, 깃발에

∨

내가 친구들 딱지를 싹쓰리했어요. ➖ 모두 다 싹 없애는 일 ➕ 꾀돌이, 곰돌이

∨   ∨   ∨

 글자  소리

더듬이   더드미

ㅁ받침 뒤에 모음자가 오면 [ㅁ] 소리가 뒤로 넘어가서 나요. **글자는 받침을 살려 써요.**

 ㅁ받침+ㅇ 낱말 음악 ┃ 솜옷 ┃ 금요일 ┃ 아침에 ┃ 품에서

✏️ **따라 쓰기** 바른 낱말을 골라 ○ 하고 바르게 읽고 또박또박 따라 써요.

① 곤충의 | 더드미 | 더듬이 | .
➕ 곰곰이, 틈틈이

② | 음악 | 으막 | 듣기를 좋아해.
➕ 험악, 밤알

③ 겨울 | 솜옷 | 소못 | 을 꺼내.
➕ 봄옷, 잠옷

✏️ **고쳐 쓰기** 틀린 낱말을 바르게 고쳐서 따라 써 보세요!

드디어 그묘일이 왔다. ➕ 검은색

아치메 엄마 푸메서 깨어났어요. ❗아침+에 ➕ 아침이, 아침을

손잡이 손자비

ㅂ받침 뒤에 모음자가 와서 소리와 글자가 달라졌어요. 받침 글자는 **바르게 읽고 써야** 해요.

 **ㅂ받침+ㅇ 낱말** 답안지 ㅣ 굽이굽이 ㅣ 수줍음 ㅣ 밥을

✏️ **따라 쓰기** 바른 낱말을 골라 ○ 하고 바르게 읽고 또박또박 따라 써요.

❶ [손자비] [손잡이] 를 돌려.

➕ 왼손잡이, 돌잡이

❷ [답안지] [다반지] 채점해 봐.

➕ 집안

❸ [구비구비] [굽이굽이] 골짜기.

➖ 휘어서 굽은 곳곳. ➕ 굽어보다

✏️ **고쳐 쓰기** 틀린 낱말을 바르게 고쳐서 따라 써 보세요!

수주븜 많은 친구야. ➕ 수줍어하다

∨   ∨

바블 굶었더니 배에서 꼬르륵거려. ❗밥+을 ➕ 밥은, 밥에서

∨   ∨   ∨

글자

소리

웃음

우슴

ㅅ받침 뒤에 모음자가 와서 소리가 달라졌어요. 이럴 때는 **소리 나는 대로 쓰면 틀려요.**

ㅅ받침+ㅇ 낱말   빗어라 | 숯을 | 꼿꼿이 | 도넛에

따라 쓰기   바른 낱말을 골라 ○ 하고 바르게 읽고 또박또박 따라 써요.

❶ 눈에 | 웃음 | | 우슴 | 이 가득해. ·

❷ 머리 좀 | 비서라 | | 빗어라 |. ·
      ❗빗(다)+어라 ➕ 씻어라, 벗어라

❸ 멋진 덩크 | 숯을 | | 슈슬 | 했어! ·
      ❗숯+을 ➕ 멋을, 맛을

고쳐 쓰기   틀린 낱말을 바르게 고쳐서 따라 써 보세요!

허리를 꼿꼬시 세우렴.   ➕ 뚜렷이, 여럿이, 깨끗이

도너세 설탕이 듬뿍 묻어 있어.   ❗도넛+에 ➕ 버섯에   다음 칸으로 내려갈 때는 띄어쓰기 표시를 생략해요.

 글자

책꽂이

 소리

책꼬지

ㅈ받침 뒤에 **모음자**가 오면, ㅈ이 뒤로 넘어가서 소리 나지만 **받침을 살려서 써요.**

 **ㅈ받침+ㅇ 낱말** 잊으면 ㅣ 맺음말 ㅣ 찾아 ㅣ 짖으면

따라 쓰기 바른 낱말을 골라 ○ 하고 바르게 읽고 또박또박 따라 써요.

① 책꼬지 책꽂이 에 책이 없네. ·
➕ 연필꽂이, 우산꽂이, 칫솔꽂이

② 날 이즈면 잊으면 안 돼. ·
❗ 잊(다)+면 ➕ 잊어, 잊으니

③ 맺음말 매즘말 을 읽어 봐. ·
➕ 낮은숲

고쳐 쓰기 틀린 낱말을 바르게 고쳐서 따라 써 보세요!

다 같이 차자 보자! ❗ 찾(다)+아 ➕ 늦어, 맞아, 젖어

아침 까치가 깍깍 지즈면 손님이 온대. ❗ 짖(다)+으면 ➕ 젖으면, 찢으면

글자

소리

쫓아 　　　　 쪼차

ㅊ·ㅋ받침이 뒷글자의 모음자 앞에서 소리가 나요. **소리 나는 대로 쓰지 않도록 주의해요.**

ㅊ·ㅋ받침+ㅇ 낱말　꽃이 ㅣ 부엌에 ㅣ 닻을 ㅣ 들녘에

✏️ **따라 쓰기**　바른 낱말을 골라 ○ 하고 바르게 읽고 또박또박 따라 써요.

❶ 　꼬치 　꽃이 　활짝 피었어요. · ⟶

❗ 꽃+이 ➕ 빛이, 살갗이, 민낯이

❷ 누가 　부어케 　부엌에 　있어? · ⟶

❗ 부엌+에 ➕ 부엌이, 부엌으로

❸ 　닻을 　다츨 　올리고 출발! · ⟶

❗ 닻+을 ➕ 덫을, 옻을

✏️ **고쳐 쓰기**　틀린 낱말을 바르게 고쳐서 따라 써 보세요!

몰래 쪼차 들어갔다. ❗쫓(다)+아 ➕쫓아

몰	래	∨			∨	들						

들녀케 향기로운 바람이 불어. ❗들녘+에 ➕새벽녘에, 동녘에

들	녘	에	∨	향	기	로	운	∨	바	람	이	∨

불	어											

 글자

 소리

얕은꾀　　야튼꾀

모음자 앞의 ㅌ받침이 뒤로 넘어가서 소리 나지만, 글자는 **받침을 살려서 써야** 해요!

 ㅌ받침+ㅇ 낱말　곁에 ｜ 붙어 ｜ 밑으로 ｜ 맡은

✏️ **따라 쓰기**　바른 낱말을 골라 ○ 하고 바르게 읽고 또박또박 따라 써요.

❶ 　야튼꾀　　얕은꾀　에 속지 마! ──────・ ☐

　➖ 속셈이 훤히 보이는 꾀. ➕얕은수

❷ 내　곁에　　겨테　있어 줘. ──────・ ☐

　❗곁+에 ➕ 끝에, 밑에, 밭에

❸ 바짝　붙어　　부터　앉으렴. ──────・ ☐

　❗붙(다)+어 ➕ 붙은, 붙을, 붙으니

✏️ **고쳐 쓰기**　틀린 낱말을 바르게 고쳐서 따라 써 보세요!

계단 미트로 내려가. ❗밑+으로 ➕걸으로, 끝으로, 밭으로

마튼 일에 최선을 다해야 해요. ❗맡(다)+은 ➕짙은, 옅은, 얕은

 글자

 소리

깊이   기피

ㅍ받침 뒤에 **모음자**가 오니 받침소리가 뒤로 넘어가서 소리가 나요. **받침을 살려 써요.**

 ㅍ받침+ㅇ 낱말   덮어 ┃ 앙갚음 ┃ 앞으로 ┃ 숲에서

✏️ **따라 쓰기**   바른 낱말을 골라 ○ 하고 바르게 읽고 또박또박 따라 써요.

❶ 와, | 기피 | 깊이 | 가 꽤 깊다!
➕ 높이

❷ 천을 | 더퍼 | 덮어 | 가렸구나?
❗덮(다)+어 ➕ 갚아, 싶어

❸ | 앙갚음 | 앙가픔 | 할까 봐 겁나.
➖ 받은 대로 손해를 돌려줌.

✏️ **고쳐 쓰기**   틀린 낱말을 바르게 고쳐서 따라 써 보세요!

아프로 잘할게. ❗앞+으로 ➕옆으로

아침마다 수페서 새소리가 들려와. ❗숲+에서 ➕무릎에서, 늪에서

 글자

 소리

좋아   조아

모음자 앞에서 **ㅎ받침은 소리가 나지 않아요.** 소리 나는 대로 쓰지 않도록 **주의해요!**

 ㅎ받침+ㅇ 낱말   넣은 ㅣ 땋은 ㅣ 놓아주자 ㅣ 쌓으며

따라 쓰기 바른 낱말을 골라 ○ 하고 바르게 읽고 또박또박 따라 써요.

1 엄마가 정말 [조아] [좋아] ! ·

2 설탕 [넣은] [너은] 차야. ·
     ❶ 넣(다)+어서 ➕ 넣으니. 넣은

3 양 갈래로 [따은] [땋은] 머리. ·
     ⊜ 갈라서 하나로 어긋매 묶다.

고쳐 쓰기 틀린 낱말을 바르게 고쳐서 따라 써 보세요!

잡은 고기를 노아주자. ➕놓아두다

바닷가에서 모래성을 싸으며 놀았어. ❶쌓(다)+으며 ➕넣으며. 놓으며

 글자

 소리

연필깎이   연필까끼

쌍(둥이)받침+모음자면 쌍받침째로 뒤로 넘어가서 소리 나지만 **받침을 살려 써요.**

 ㄲ·ㅆ받침+ㅇ 낱말   잤어 ㅣ 밖에서 ㅣ 볶음밥 ㅣ 피었어요

✏️ **따라 쓰기** 바른 낱말을 골라 ○ 하고 바르게 읽고 또박또박 따라 써요.

❶ [연필까끼] [연필깎이] 좀 줘. _____·

➕ 손톱깎이, 구두닦이, 안경닦이

❷ 눕자마자 바로 [잣써] [잤어]. _____·

❗ 자(다)+았+어

❸ 문 [밖에서] [바께서] 기다리죠. _____·

❗ 밖+에서 ➕ 안팎에서

✏️ **고쳐 쓰기** 틀린 낱말을 바르게 고쳐서 따라 써 보세요!

오늘 점심은 보끔밥! ➕ 떡볶이, 묶음

창문 너머로 장미꽃이 활짝 피어써요. ❗ 피(다)+었+어요 ➕ 잤어요, 샀어요, 갔어요

 글자

 소리

젊음

절믐

겹(친)받침+모음자면 받침소리+뒤음절 첫소리로 나뉘지만 **글자는 본래대로 써요.**

 **ㄹㅁ·ㄱㅅ·ㄴㅈ·ㄹㄱ+ㅇ 낱말**   삶은 | 몫을 | 앉아서 | 읽어

✏️ **따라 쓰기**   바른 낱말을 골라 ○ 하고 바르게 읽고 또박또박 따라 써요.

❶ [삶은] [살믄] 계란은 맛있어! ——— ·

⚠️삶(다)+은 ➕ 굶은

❷ 누구나 자기 [목슬] [몫을] 해요. ——— ·

⚠️몫+을 ➕ 넋을

❸ [안자서] [앉아서] 조는 거야? ——— ·

⚠️앉(다)+아서 ➕ 얹어서

✏️ **고쳐 쓰기**   틀린 낱말을 바르게 고쳐서 따라 써 보세요!

책을 일거 줄게. ⚠️읽(다)+어 ➕ 굵어. 늙어. 긁어. 묽어

∨   ∨

절믐도 빛나고 늘금도 빛난단다. ⚠️젊(다)+음 ➕ 삶

∨   ∨   ∨

말없이   말업시

겹받침+모음자면 받침소리+뒤음절 첫소리로 나뉘지만 **글자는 본래대로** 써요.

ㄹㅌ·ㄹㅍ·ㄹㅂ·ㅂㅅ+ㅇ 낱말   훑어 | 값이 | 읊어 | 짧은지

따라 쓰기 바른 낱말을 골라 ○ 하고 바르게 읽고 또박또박 따라 써요.

❶ 꼼꼼히 [훑어] [훌터] 봐야 해.
❗훑(다)+어 ➕ 핥아

❷ 그 책은 [갑시] [값이] 얼마야?
❗값+이 ➕ 값은, 값을

❸ 슬플 땐 시를 [읇퍼] [읊어] 봐!
❗읊(다)+어

고쳐 쓰기 틀린 낱말을 바르게 고쳐서 따라 써 보세요!

긴지 짤븐지 대보자. ❗짧(다)+은지 ➕ 넓은지, 얇은지

긴 지 ∨ 짧 은 지 ∨ 대 보 자 .

말업시 두 손을 꼬옥 잡았어요.

말 없 이 ∨ 두 ∨ 손 을 ∨ 꼬 옥 ∨ 잡

았 어 요 .

글자

소리

 많이

마니

겹받침 ㄶ · ㅀ은 다른 겹받침과 달리 **ㅎ받침은 사라지고** ㄴ · ㄹ만 뒤로 넘어가서 소리 나요.

 ㄶ · ㅀ＋ㅇ 싫어할 ㅣ 잃어 ㅣ 끓어 ㅣ 끓어서

✏️ **따라 쓰기** 바른 낱말을 골라 ○ 하고 바르게 읽고 또박또박 따라 써요.

❶ [마니] [많이] 먹어서 배불러. ·

❷ [시러할] [싫어할] 사람 있을까? ·

❸ 필통을 [잃어] [이러] 버렸어! ·
      ❗ 잃(다)+어

✏️ **고쳐 쓰기** 틀린 낱말을 바르게 고쳐서 따라 써 보세요!

물이 팔팔 끄러! ❗ 끓(다)+어 ➕ 뚫어

∨	∨

아빠가 담배를 끄너서 정말 기뻐. ❗ 끊(다)+어서

글자   소리

금세   금새 ?!

이중모음 ㅐ와 ㅔ는 소리가 같아 무척 헷갈리지만, **의미를 헤아리면** 구별하기 쉬워요.

 **시간을 나타내는 말**   요새 ┃ 끝내 ┃ 어느새 ┃ 모레

✏️ **따라 쓰기**   바른 낱말을 골라 ○ 하고 바르게 읽고 또박또박 따라 써요.

❶ 소문이 [금새] [금세] 퍼졌어. ⋯⋯⋯⋯
❗'금시에'의 줄임말

❷ [요새] [요세] 전혀 못 봤어! ⋯⋯⋯⋯
❗'요사이'의 줄임말 ➕ 밤새, 그새

❸ [끝내] [끝네] 대답을 않네. ⋯⋯⋯⋯
➖ 끝까지 내내. ➕ 마침내

✏️ **고쳐 쓰기**   틀린 낱말을 바르게 고쳐서 따라 써 보세요!

어느세 날이 개었어. ➖어느 사이에 벌써.

한 밤, 또 한 밤 자면 모래예요. ➖내일의 다음 날. ➕어제, 그제, 이제

글자

베개

소리

베게?!

어떠한 특성을 지닌 도구나 사람, 물건 등을 뜻하는 말은 **-개**예요. -게로 흔히 잘못 써요.

-개 낱말   찌개 | 오줌싸개 | 지우개   **주의!** 예외적 표현 : 지게, 집게

✏️ **따라 쓰기**   바른 낱말을 골라 ○ 하고 바르게 읽고 또박또박 따라 써요.

① [베개] [베게] 는 낮게 베야 좋대. ·

⊖ 베고 자는 물건. ➕ 덮개, 마개, 뒤집개

② [찌게] [찌개] 를 끓여 볼까? ·

⊖ 자글자글 끓인 음식.

③ 내 동생 [오줌싸게] [오줌싸개] ! ·

⊖ 오줌 못 가리는 아이. ➕ 똥싸개

✏️ **고쳐 쓰기**   틀린 낱말을 바르게 고쳐서 따라 써 보세요!

지우게로 박박 지우렴. ⊖ 지우는 물건.

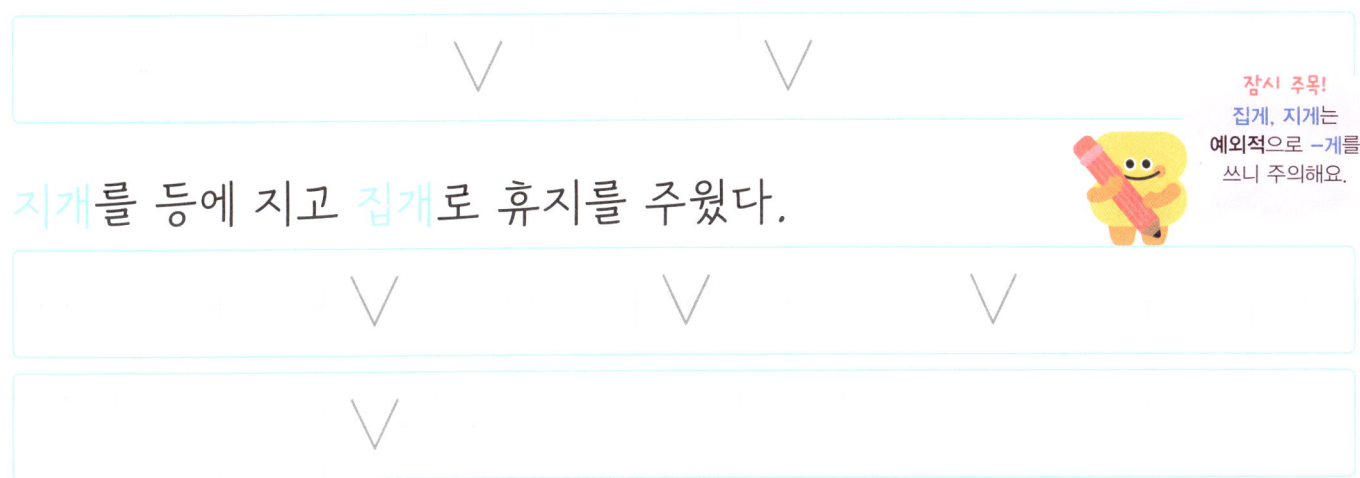

잠시 주목!
집게, 지게는
예외적으로 -게를
쓰니 주의해요.

지개를 등에 지고 집개로 휴지를 주웠다.

 글자

 소리

돌멩이   돌맹이^{?!}

ㅔ·ㅐ는 소리가 거의 같아 자주 혼동해요. ㅔ가 들어간 글자를 **외워서 기억해야** 해요.

 **ㅔ 낱말** 꽃게 ┃ 숙제 ┃ 세수 ┃ 그네 ┃ 세모 ┃ 벌레

따라 쓰기 바른 낱말을 골라 ○ 하고 바르게 읽고 또박또박 따라 써요.

❶ [돌맹이] [돌멩이] 던지지 마! ·
➕ 껍데기, 번데기, 쓰레기

❷ 옆으로 걷는 [꽃게] [꽃개] . ·
➕ 베짱이, 메뚜기, 펭귄

❸ [숙재] [숙제] 먼저 하고 놀렴. ·
➕ 과제, 문제, 제목

잠시 주목!
숙제의 '제'는 題(제목 제) 글자이고, 세수하다의 '세'는 洗(씻을 세) 글자예요.

고쳐 쓰기 틀린 낱말을 바르게 고쳐서 따라 써 보세요!

일어나면 새수부터 하렴. ➕ 세차, 세제, 세탁기

그내에 새모난 벌래가 붙어 있어! ➕ 나그네 / 네모 / 걸레, 둘레, 수레

쩨쩨하다   째째하다

ㅔ·ㅐ는 소리가 거의 같아 자주 혼동해요. 또박또박 **쓰면서 외우면** 기억하기 좋아요.

 ㅔ 낱말   세찬 ∣ 데려간 ∣ 제대로 ∣ 한가운데

✏ 따라 쓰기   바른 낱말을 골라 ○ 하고 바르게 읽고 또박또박 따라 써요.

1 참 │ 째째하네 │ 쩨쩨하네 │ .
　　➖ 인색하고 쪼잔하다.

2 온종일 │ 세찬 │ 새찬 │ 비가 내려.
　　➖ 힘있고 세게. ➕ 거센. 힘센

3 누가 │ 대려간 │ 데려간 │ 걸까?
　　➕ 데려온. 데려다준. 데리고

✏ 고쳐 쓰기   틀린 낱말을 바르게 고쳐서 따라 써 보세요!

잠을 재대로 못 잤어.　➖알맞은 정도로. ➕제가끔. 제각각. 제발

함께 쓰는 물건은 책상 한가운대 두자.　➕군데군데. 쓸데

글자

소리

술래

술레 ^{?!}

ㅔ·ㅐ는 **소리가 거의 같아** 자주 혼동해요. ㅐ가 들어간 글자를 **외워서 기억해야** 해요.

 **ㅐ 낱말** 새해 ㅣ 애완동물 ㅣ 맹꽁이 ㅣ 어깨

따라 쓰기 바른 낱말을 골라 ○ 하고 바르게 읽고 또박또박 따라 써요.

1 | 술레 | 술래 | 몰래 꼭꼭 숨어!
➕ 또래, 고래, 노래, 빨래

2 | 새해 | 세해 | 첫날 아침.
➖ 새로 시작된 해. ➕ 새것, 새로운

3 | 에완동물 | 애완동물 | 좋아!
❗ 사랑 애(愛) ➕ 애국심, 애인

고쳐 쓰기 틀린 낱말을 바르게 고쳐서 따라 써 보세요!

멩꽁이라고 부르지 마! ➖ 어리숙한 사람을 놀리는 말. ➕ 맹추, 꼬맹이

거인의 **어께** 위에 앉아서 세상을 봐.

 글자

 소리

깨뜨리다　께뜨리다 ?!

ㅔ·ㅐ는 소리가 거의 같아 자주 혼동해요. 또박또박 **쓰면서 외우면** 기억하기 좋아요.

 **ㅐ 낱말** 　조잘대는 ┃ 뜻대로 ┃ 오래오래 ┃ 도대체 ┃ 왜

✏️ **따라 쓰기** 　바른 낱말을 골라 ○ 하고 바르게 읽고 또박또박 따라 써요.

❶ 창문을 ┃ 깨뜨린 ┃ 께뜨린 ┃ 거야? ·······

➕ 깨어난, 깨부순

❷ 아이들 ┃ 조잘데는 ┃ 조잘대는 ┃ 소리. ·

➕ 꾸물대는, 들썩대는, 툴툴대는

❸ 네 ┃ 뜻데로 ┃ 뜻대로 ┃ 하렴. ·······

➕ 멋대로, 맘대로, 그대로

✏️ **고쳐 쓰기** 　틀린 낱말을 바르게 고쳐서 따라 써 보세요!

오레오레 건강하세요. ➕ 그래그래, 쫄래쫄래

∨

도데체 외 웃다가 말고 우니? ➕ 대체로

∨　　∨　　　　∨　　　　　∨

45

글자

소리

핑계

핑게

복잡한 모음 ㅖ와 ㅢ는 비슷한 모음 ㅔ·ㅐ, ㅣ로 소리 나기도 해서 무척 헷갈려요.

ㅖ·ㅢ 낱말 차례차례 ㅣ 무늬 ㅣ 정의 ㅣ 폐품 ㅣ 지혜

따라 쓰기 바른 낱말을 골라 ○ 하고 바르게 읽고 또박또박 따라 써요.

① 핑계ㅣ핑게 없는 무덤은 없다.
➕ 시계, 온도계, 계절, 계단, 계획표

② 차래차래ㅣ차례차례 타세요.
➕ 경례, 종례

③ 물방울 무니ㅣ무늬 가 좋아!
➕ 꽃무늬, 하늬바람(서쪽에서 부는 바람)

고쳐 쓰기 틀린 낱말을 바르게 고쳐서 따라 써 보세요!

자유와 정이와 진리. ➕ 고의로(일부러), 거의, 공의

버려진 패품을 지혜롭게 재활용해요. ➕ 밀폐, 지폐 / 은혜, 혜택

열소   열쇄

복잡한 모음 ㅙ·ㅚ·ㅞ는 소리가 거의 비슷해서 **무척 헷갈려요.** 꼭 외워야 해요.

 ㅙ·ㅚ·ㅞ **낱말**   돼지 | 훼방 | 유쾌·상쾌·통쾌 | 웨딩드레스 | 꿰매다

따라 쓰기   바른 낱말을 골라 ○ 하고 바르게 읽고 또박또박 따라 써요.

❶ [열쇠] [열쇄] 를 구멍에 잘 꽂아. ·
➕ 구두쇠, 자물쇠

❷ 꿀꿀 [되지] [돼지] 들의 합창. ·
➕ 괘종시계, 점괘, 연쇄적

❸ 자꾸 [회방] [훼방] 놓을래? ·
➖ 남을 방해하다. ➕ 훼손, 궤짝

고쳐 쓰기   틀린 낱말을 바르게 고쳐서 따라 써 보세요!

유쾨, 상쾨, 통쾨하다. ➕ 쾌활

찢어진 외딩드레스를 감쪽같이 꾀맸다. ➕ 스웨터, 궤짝, 꿰뚫다

∨   ∨

∨

맞춤법! 왜 틀릴까? ❸

제대로 알고
바르게 말하기

정확히 알면 바르게 읽고 쓸 수 있어요.

여러 번 반복해서 올바로 읽고

또박또박 따라 쓰다 보면,

잘못 소리 내는 말버릇이나

생각 없이 허투루 말하는 습관을

고칠 수 있어요.

 따라 쓰면서 말버릇과 말 습관을 바로잡으면,

맞춤법도 저절로 익힐 수 있답니다.

틀리기 쉬운 맞춤법

🌸 주의! 말부터 고쳐요(잘못된 말버릇)

검정색, 방구, 갈께, 쑥쓰러워, 눈꼽, 짜투리(✗)

→ **검은색, 방귀, 갈게, 쑥스러워, 눈곱, 자투리(⭕)**

🌸 주목! 제대로 알고 있나요?(허투루 말하는 습관)

가만이, 곰곰히, 끼여들어, 역활, 비누방울, 초콜렛(✗)

→ **가만히, 곰곰이, 끼어들어, 역할, 비눗방울, 초콜릿(⭕)**

되풀이하여 바르게 읽고 또박또박 따라 쓰면서, 제대로 알면서 말하고 있는지 살펴보세요!

검정색 → 검은색

검은 빛깔을 띠는 색은 **검은색** 또는 **검정**이라고 해요. **검정**은 검은 '빛깔'이란 뜻이거든요.

 색깔 파랑 · 파란색 ｜ 하양 · 하얀색 ｜ 빨강 · 빨간색

📝 **따라 쓰기** 바른 낱말을 골라 ○ 하고 바르게 읽고 또박또박 따라 써요.

❶ | 검은색 | 검정색 | 글씨.
➖ 검정.

❷ | 파란색 | 파랑색 | 대문.
➖ 파랑.

❸ | 하얀색 | 하양색 | 치마저고리.
➖ 흰색, 하양.

✏️ **고쳐 쓰기** 틀린 낱말을 바르게 고쳐서 따라 써 보세요!

노란나비 한 마리. ❗노랑 아니면 노란색!

잘 익은 사과는 빨강색이에요. ❗빨강 아니면 빨간색!

 멱 일 →  며칠

몇+일이라고 오해하기 쉽지만, 그달의 **몇째 되는 날, 몇 날**이란 뜻의 고유한 말이에요.

 헷갈리는 말 몇 날 ㅣ 며칟날

따라 쓰기 바른 낱말을 골라 ○ 하고 바르게 읽고 또박또박 따라 써요.

1 오늘이 [며칠] [몇 일] 이지? .... ·

2 [몇 일] [몇 날] 이나 걸려? .... ·
⊜ 며칠.

3 [며칟날] [몇일날] 떠나? .... ·
⊜ 그달의 몇째 되는 날.

고쳐 쓰기 틀린 낱말을 바르게 고쳐서 따라 써 보세요!

몇 월 **몇 일**이라고? ⊜ 그 달의 몇째 되는 날이라고?

몇 일 짐을 맡아 줄 사람이 있을까? ⊜ 몇 날.

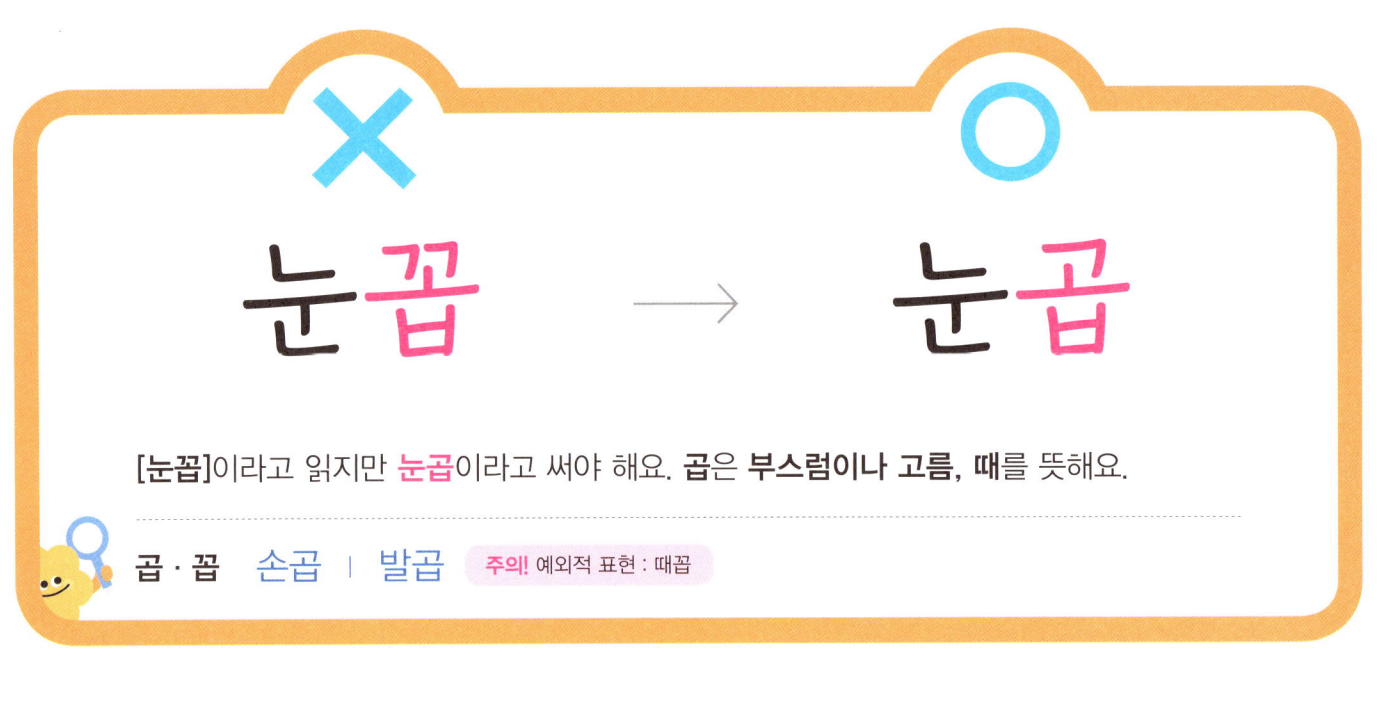

눈꼽 ✕ → 눈곱 ◯

[눈꼽]이라고 읽지만 **눈곱**이라고 써야 해요. **곱**은 **부스럼이나 고름, 때**를 뜻해요.

곱 · 꼽　손곱 ｜ 발곱　**주의!** 예외적 표현 : 때꼽

✏️ **따라 쓰기**　바른 낱말을 골라 ◯ 하고 바르게 읽고 또박또박 따라 써요.

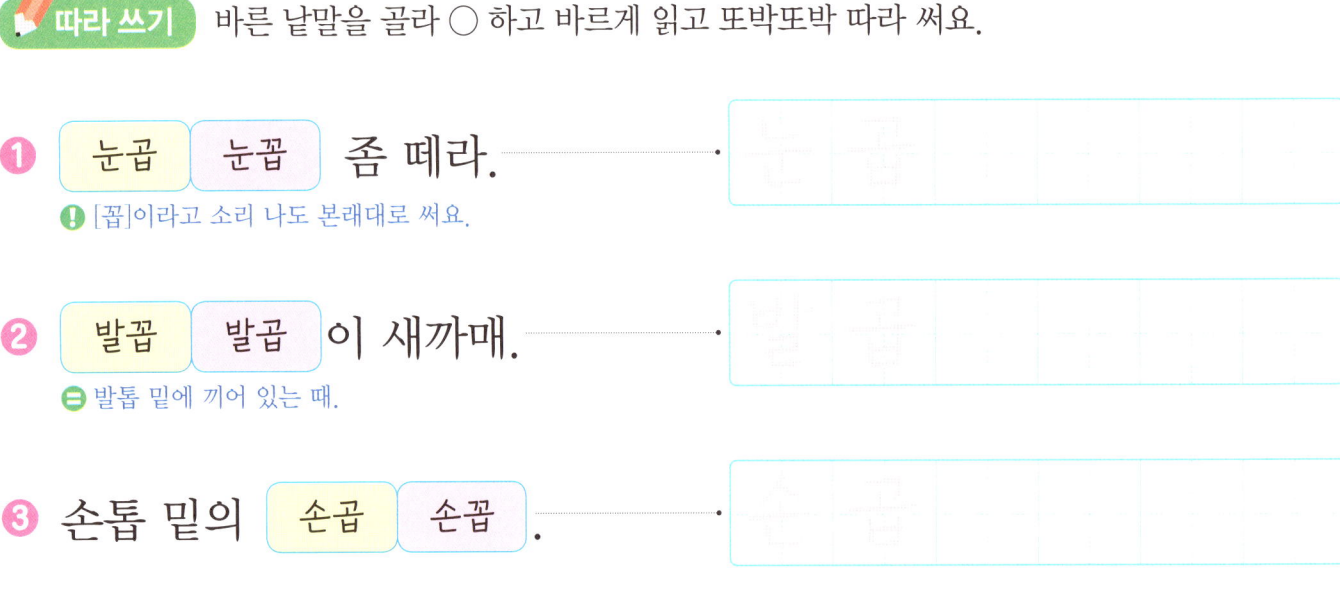

❶ [눈곱] [눈꼽] 좀 떼라.

❗ [꼽]이라고 소리 나도 본래대로 써요.

❷ [발꼽] [발곱] 이 새까매.

➖ 발톱 밑에 끼어 있는 때.

❸ 손톱 밑의 [손곱] [손꼽].

✏️ **고쳐 쓰기**　틀린 낱말을 바르게 고쳐서 따라 써 보세요!

잠시 주목!
때꼽은 **엉겨 붙은 때** 부스러기를 말해요. 이때는 '곱'이 아니라 **꼽**이에요.

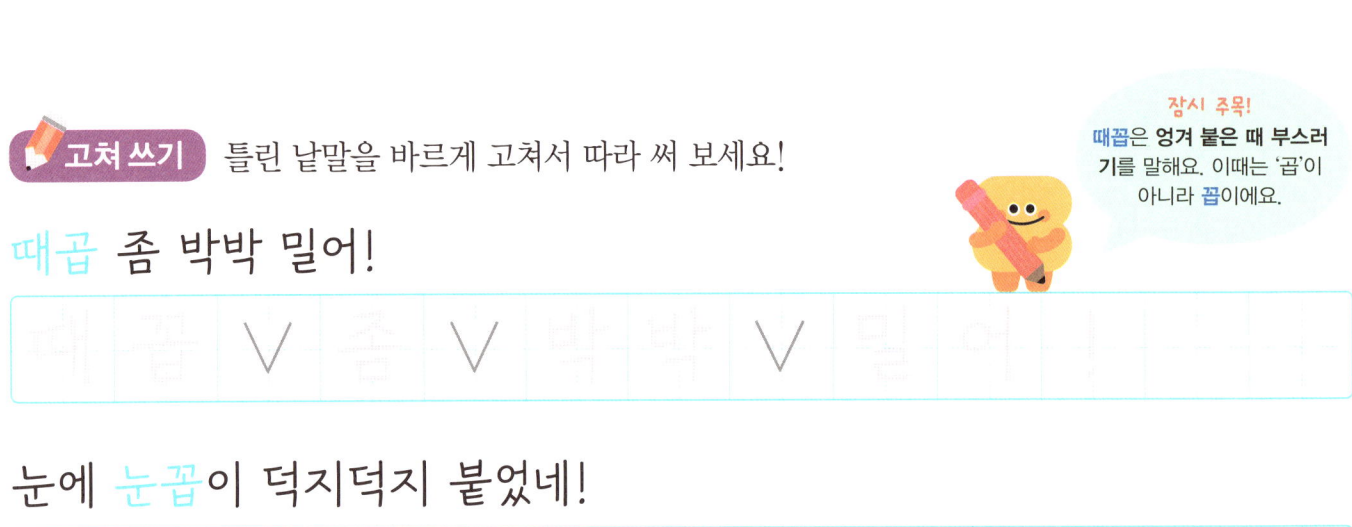

때곱 좀 박박 밀어!

눈에 눈꼽이 덕지덕지 붙었네!

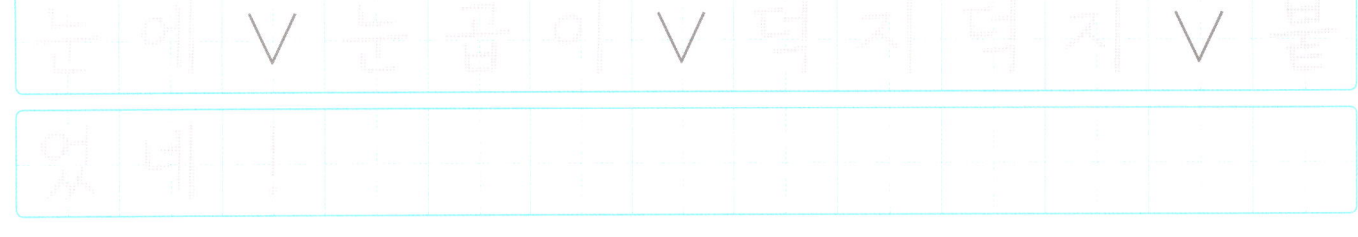

곱배기 → 곱빼기

두 배 분량이란 뜻이라 **-배기**로 잘못 아는데, 소리 나는 대로 -빼기라고 써야 해요.

발음대로 적는 말 코빼기 　**주의!** 예외적 표현 : 뚝배기

📝 **따라 쓰기**　바른 낱말을 골라 ○ 하고 바르게 읽고 또박또박 따라 써요.

1　코배기　코빼기　도 안 보여.
　　❗ '코'를 익살스럽게 표현한 말

2　욕을　곱빼기　곱배기　로 먹었어.

3　뚝빼기　뚝배기　에 끓인 된장국.
　　❗ ㄱ받침 뒤에서 [빼기]는 **-배기**

✏️ **고쳐 쓰기**　틀린 낱말을 바르게 고쳐서 따라 써 보세요!

잠시 주목!
같은 [-빼기]로 소리 나지만,
뚝배기는 '빼기'가 아니라
배기라고 써요.

설렁탕 한 뚝빼기.　⊖ 붉은 진흙으로 구워 만든 솥 그릇.

자장면은 역시 곱배기로 먹어야지.

웅큼 → 움큼

한 손에 **움켜쥘** 만큼의 분량이라서 **움큼**. **웅큼**이라고 잘못 말하는 일이 많아 헷갈려요.

 받침을 주의할 말 햅쌀 ㅣ 숟가락 ㅣ 얼마큼

✏️ **따라 쓰기** 바른 낱말을 골라 ○ 하고 바르게 읽고 또박또박 따라 써요.

1 콩을 한 [웅큼 | 움큼] 넣었다.
➡ 손에 움켜쥐는 모양.

2 [햇쌀 | 햅쌀] 로 갓 지은 밥.
❗ 해+벼쌀. 쌀의 옛 이름이 '벼쌀'

3 [숟가락 | 숫가락] 한 벌.
❗ (밥 한) 술+가락. ㄹ받침이 ㄷ받침으로 강해짐

✏️ **고쳐 쓰기** 틀린 낱말을 바르게 고쳐서 따라 써 보세요!

나를 얼만큼 사랑해? ❗ 얼마+만큼. 본말 '얼마'를 살리고 줄임

욕심껏 사탕을 한 웅큼 집었다.

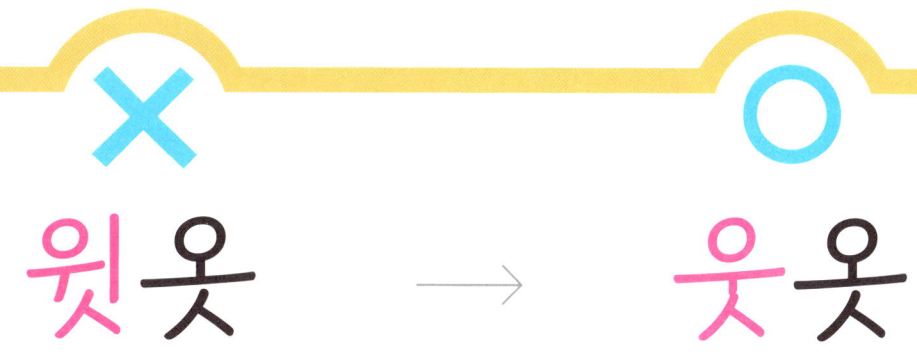

윗- · 웃-은 **위쪽**을 뜻하는 말이에요. **위 · 아래**가 있으면 **윗-**, **없으면 웃-**을 써요.

 헷갈리는 말 웃어른 ┆ 윗물 ┆ 윗니 ┆ 윗사람

따라 쓰기 바른 낱말을 골라 ○ 하고 바르게 읽고 또박또박 따라 써요.

1 ┃ 윗옷 ┃ 웃옷 ┃ 을 챙겨 입으렴!
　　🟰 겉옷. ❗ 아랫옷은 없어요.

2 ┃ 윗어른 ┃ 웃어른 ┃ 의 말씀.
　　❗ 아랫어른은 없고, '어린이'가 있지요.

3 ┃ 윗물 ┃ 웃물 ┃ 이 맑아야······.
　　❗ 아랫물도 맑다고 하죠?

고쳐 쓰기 틀린 낱말을 바르게 고쳐서 따라 써 보세요!

웃니, 아랫니 싹싹 닦자.

웃사람이 아랫사람을 챙겨야 하지요. 🟰 직책이 높거나 나이가 많은 사람.

편한 대로 모음을 바꿔 발음하는데, **바른 읽기 습관**을 들여야 맞춤법도 정확히 알게 돼요.

 모음 발음 주의! 트림 ㅣ 창피 ㅣ 하마터면

📝 **따라 쓰기** 바른 낱말을 골라 ○ 하고 바르게 읽고 또박또박 따라 써요.

❶ 꺼어억 트름 트림 했다. ⋯⋯⋯

❷ 챙피 창피 할 노릇이지. ⋯⋯⋯
❗'아'를 종종 '애'로 잘못 소리 내요.

❸ 하마트면 하마터면 웃을 뻔! ⋯⋯⋯
⊜ 조금만 잘못했더라면.

✏️ **고쳐 쓰기** 틀린 낱말을 바르게 고쳐서 따라 써 보세요!

방구 뀐 놈이 누구야? ❗'귀'는 귀찮더라도 입술을 작게 오므려서 소리 내요.

판다가 졸다가 하마트면 넘어질 뻔했대. ❗표준어대로 소리 내는 습관을 들여요.

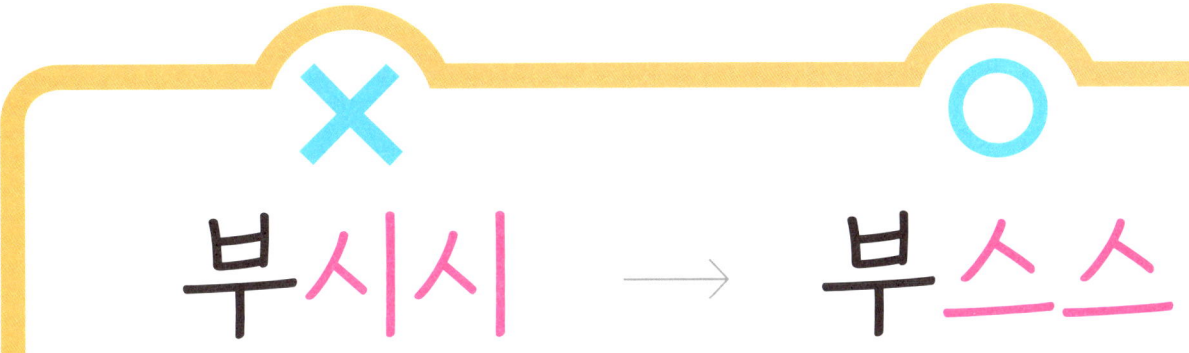

부시시 → 부스스

모음 '으'와 '이'를 잘못 소리 내는 말이 흔히 있어요. **잘못 발음하는 습관**을 바로잡아요!

모음 발음 주의! 으스스 | 으스대는 | 메스껍다

 **따라 쓰기** 바른 낱말을 골라 ○ 하고 바르게 읽고 또박또박 따라 써요.

❶ 머리가 [부스스] [부시시] 해.

　　　⊜ 흐트러져 있는 모양.

❷ [으시시] [으스스] 몸이 떨려.

　　⊜ 춥거나 싫어서 몸에 소름 돋는 모양.

❸ [으시대는] [으스대는] 사람.

　　⊜ 우쭐거리고 뽐내다.

고쳐 쓰기 틀린 낱말을 바르게 고쳐서 따라 써 보세요!

속이 영 메시껍다. ⊜ 비위에 거슬려 속이 울렁거리는 느낌이 있다.

침대에서 부시시 일어나 앉았다. ⊜ 슬그머니 일어나는 모양.

빈털털이 → 빈털터리

털(다)+이(사람). 본말과 뜻이 달라져 **본말을 살리지 않고** 소리 나는 대로 써요.

 본말을 살리지 않는 말 설거지 ㅣ 늘그막

✏️ **따라 쓰기** 바른 낱말을 골라 ○ 하고 바르게 읽고 또박또박 따라 써요.

1 | 빈털털이 | 빈털터리 | 가 됐어.
🔵 가진 재산을 모두 잃은 사람.

2 | 설거지 | 설겆이 | 미루지 마.

3 | 늙으막 | 늘그막 | 의 행복.
🔵 늙어 가는 무렵.

✏️ **고쳐 쓰기** 틀린 낱말을 바르게 고쳐서 따라 써 보세요!

빈털털이로 쫓겨났다.

달그락달그락 설겆이하는 소리가 정겹다. ❗본말 '설겆다'가 '설거지하다'로 바뀌었어요.

58

× 담**궈** → **○** 담**가**

'물속에 넣거나 물을 부어 익힌다'는 말은 **담그다**예요. 흔히 **담구다**로 잘못 써요.

 자주 틀리는 말 잠그다 ㅣ 치르다

✏️ **따라 쓰기** 바른 낱말을 골라 ○ 하고 바르게 읽고 또박또박 따라 써요.

❶ 물에 [담궈 | 담가] 보자!
❗ 담그(다)+아 ⋯ 담가

❷ 문을 [잠궈라 | 잠가라] .
❗ 잠그(다)+아 ⋯ 잠가

❸ 물건 값을 [치렀어 | 치뤘어] .
❗ 치르(다)+었 ⋯ 치러

✏️ **고쳐 쓰기** 틀린 낱말을 바르게 고쳐서 따라 써 보세요!

벌써 김장을 담궜어?

할머니 장례식을 치룰 때 자꾸 눈물이 났다. ➖값을 내다. 큰일을 겪어 내다.

통채로 → 통째로

–째는 **그대로, 전부**라는 의미가 있어요. **채**도 같은 의미지만 이때는 **띄어 써야** 해요.

헷갈리는 말   껍질째 | 뿌리째 | 그릇째

따라 쓰기   바른 낱말을 골라 ○ 하고 바르게 읽고 또박또박 따라 써요.

① [통채로] [통째로] 삼켰어. ············ ·

　　 ⊖ 통 채로.

② 감을 [껍질채] [껍질째] 먹어? ············ ·

　　 ⊖ 껍질까지 전부. 껍질 채로.

③ [뿌리채] [뿌리째] 뽑힌 나무. ············ ·

　　 ⊖ 가지, 줄기, 뿌리까지 전부. 뿌리 채로.

고쳐 쓰기   틀린 낱말을 바르게 고쳐서 따라 써 보세요!

오리를 통채로 굽자! ⊖ 나누지 않은 덩어리의 전체 그대로.

국물을 그릇채 들고 들이켜더라. ⊖ 음식이 담긴 그릇까지 모두.

짜투리 → 자투리

본래 **보통 소리**인 것을 **세게 소리 내는 습관** 때문에 헷갈리는 말이 있어요.

센소리 습관 공짜 ⏐ 어차피 ⏐ 떡볶이 ⏐ 거꾸로

 따라 쓰기 바른 낱말을 골라 ○ 하고 바르게 읽고 또박또박 따라 써요.

❶ ⎡ 자투리 ⎤ ⎡ 짜투리 ⎤ 만 모았지.

⊜ 자르고 남은 천 조각.

❷ 이게 다 ⎡ 꽁짜 ⎤ ⎡ 공짜 ⎤ 라고?

⊜ 대가 없이 거저 얻는 물건.

❸ ⎡ 어짜피 ⎤ ⎡ 어차피 ⎤ 늦었어!

⊜ 이렇게 하든지 저렇게 하든지.

고쳐 쓰기 틀린 낱말을 바르게 고쳐서 따라 써 보세요!

떡뽁이 먹고 싶다.

∨	∨

꺼꾸로 읽어도 기러기, 바로 읽어도 기러기!

∨	∨

∨	∨

띄여쓰기 → 띄어쓰기

띄다는 **뜨이다 · 띄우다**의 줄임말이에요. '띄여'나 '뛰워'라고 쓰지 않도록 주의해요.

 자주 틀리는 말 띄었어 ⏐ 끼었어 ⏐ 띄어 ⏐ 끼어들어

따라 쓰기 바른 낱말을 골라 ○ 하고 바르게 읽고 또박또박 따라 써요.

❶ 눈에 [띄였어] [띄었어] .
❗ 뜨였어 = 띄었어

❷ 문틈에 [끼였어] [끼었어] .
❗ '끼다'는 '끼이다'의 줄임말

❸ [띄여쓰기] [띄어쓰기] 해야지.
➖ 앞말과 띄어 쓰는 일.

고쳐 쓰기 틀린 낱말을 바르게 고쳐서 따라 써 보세요!

한 칸을 띄워서 써라. ❗ '띄다'는 '띄우다'의 줄임말

오빠가 내 일에 왜 끼여들어? ❗ '끼어들다'가 하나의 낱말

부쉬지다 → 부서지다

(물건이) **부서지다**와 (사람이) **부수다**를 종종 잘못 쓰는데, 두 말은 움직임의 **주체가 달라**요.

자주 틀리는 말 부수다 | 비추다 | 비치다

 따라 쓰기 바른 낱말을 골라 ○ 하고 바르게 읽고 또박또박 따라 써요.

❶ 의자를 [부쉈어 부셨어].

❗ 부수(다)+어

❷ [부쉬진 부서진] 의자.

❗ 부서지(다)+인

❸ 불빛을 [비쳐 비춰] 봐.

❗ 비추(다)+어 = 밝게 하여

잠시 주목!
달빛이 **비치고**
(밝게 되고), 달빛이 사람을
비추고(밝게 하고)!

고쳐 쓰기 틀린 낱말을 바르게 고쳐서 따라 써 보세요!

창으로 달빛이 비췄어.

∨   ∨

집을 부시자 문짝부터 와지끈 부쉬졌어. ❗ (사람이) 부수고 (물건이) 부서지고!

∨   ∨   ∨

∨

무릎쓰다 → 무릅쓰다

'참고 견딘다'는 말인데, **무릎과 발음이 같아 받침을 잘못 쓰는 일**이 자주 있어요.

 받침 주의 오랜만 ┊ 벚꽃 ┊ 짓궂게

✏️ **따라 쓰기** 바른 낱말을 골라 ○ 하고 바르게 읽고 또박또박 따라 써요.

❶ 어려움을 [무릎쓰다] [무릅쓰다] .

❗ '무릎'은 신체 부위 중 하나

❷ [오랫만] [오랜만] 이야.

🟰 오랫동안 못 만났다. ❗ '오래간만'의 줄임말

❸ [벚꽃] [벗꽃] 축제에 가자.

🟰 벚나무의 꽃. ❗ 친구(벗) 꽃이 아니죠.

✏️ **고쳐 쓰기** 틀린 낱말을 바르게 고쳐서 따라 써 보세요!

짓굳게 장난치지 마. ❗ '짓굿게. 짇굿게. 짇궂게'로 잘못 쓰는 일이 많아요.

			∨				∨		

부끄러움을 무릎쓰고 무릎을 꿇었다. ❗ 창피했지만 꾹 참고 무릎을 꿇었다는 말

				∨				∨	

	∨								

비누방울 → 비눗방울

두 말이 합쳐지면서 소리가 세게 나거나 'ㄴ'소리가 덧나면 **사이시옷**이 들어가요.

 사이시옷 콧구멍 ㅣ 햇빛 ㅣ 나뭇가지 ㅣ 혼잣말

✏️ **따라 쓰기** 바른 낱말을 골라 ○ 하고 바르게 읽고 또박또박 따라 써요.

① 비눗방울 · 비누방울 을 불자.
❗ 비누+방울[비누빵울]

② 코구멍 · 콧구멍 이 크다!
❗ 코+구멍[코꾸멍]

③ 눈부신 아침 해빛 · 햇빛.
❗ 해+빛[해삗]

잠시 주목!
사이시옷 문제는
받아쓰기 단골 문제예요!
잘 익혀 둡시다!!

✏️ **고쳐 쓰기** 틀린 낱말을 바르게 고쳐서 따라 써 보세요!

나무가지에 쌓인 눈. ❗ 나무+가지[나묻까지]

누가 중얼중얼 혼자말을 하지? ❗ 혼자+말[혼잔말] ➕ 나뭇잎[나문닙]
자주 틀려요!

곰곰히 → 곰곰이

–이가 붙어 **뜻을 더욱 분명하게 해 주는 말**이 돼요. 소리가 달라져도 **본말+이**를 써요.

–이 깨끗이 ┃ 수북이 ┃ 높이 ┃ 따뜻이

 따라 쓰기 바른 낱말을 골라 ○ 하고 바르게 읽고 또박또박 따라 써요.

① [곰곰이 | 곰곰히] 생각해. ·
자주 틀려요!
❗ 곰곰+이 ➕ 틈틈이

② [깨끗히 | 깨끗이] 씻자. ·
자주 틀려요!
❗ 깨끗(하다)+이 ➕ 따뜻이

③ [수북이 | 수북히] 쌓였네. ·
❗ 수북(하다)+이 ➕ 깊숙이

고쳐 쓰기 틀린 낱말을 바르게 고쳐서 따라 써 보세요!

하늘 높히 날다. ❗높(다)+이

선생님이 나를 따뜻히 안아 주셨다.

꼼꼼이 → 꼼꼼히

-히도 뜻을 분명하게 해 주는 말이에요. **울림소리(ㄴ·ㄹ·ㅁ·ㅇ)받침 뒤**에 주로 붙어요.

 -히 열심히 ᅵ 환히 ᅵ 조용히 ᅵ 솔직히

📝 **따라 쓰기** 바른 낱말을 골라 ○ 하고 바르게 읽고 또박또박 따라 써요.

① [꼼꼼이] [꼼꼼히] 읽어 봐. ·
❗ 꼼꼼(하다)+히 ➕ 가만히, 다행히

② 뭐든 [열심히] [열심이] ! ·
자주 틀려요!
❗ 열심+히

③ 날이 [환이] [환히] 밝았네. ·
❗ 환(하다)+히 ➕ 훤히

잠깐 주목!
솔직·가득(하다)는
울림소리 받침이 아니지만
특이하게 **-히**가 붙어.

📝 **고쳐 쓰기** 틀린 낱말을 바르게 고쳐서 따라 써 보세요!

조용이 앉아 있어야지. ❗ 조용(하다)+히 ➕ 가만히, 얌전히, 다행히

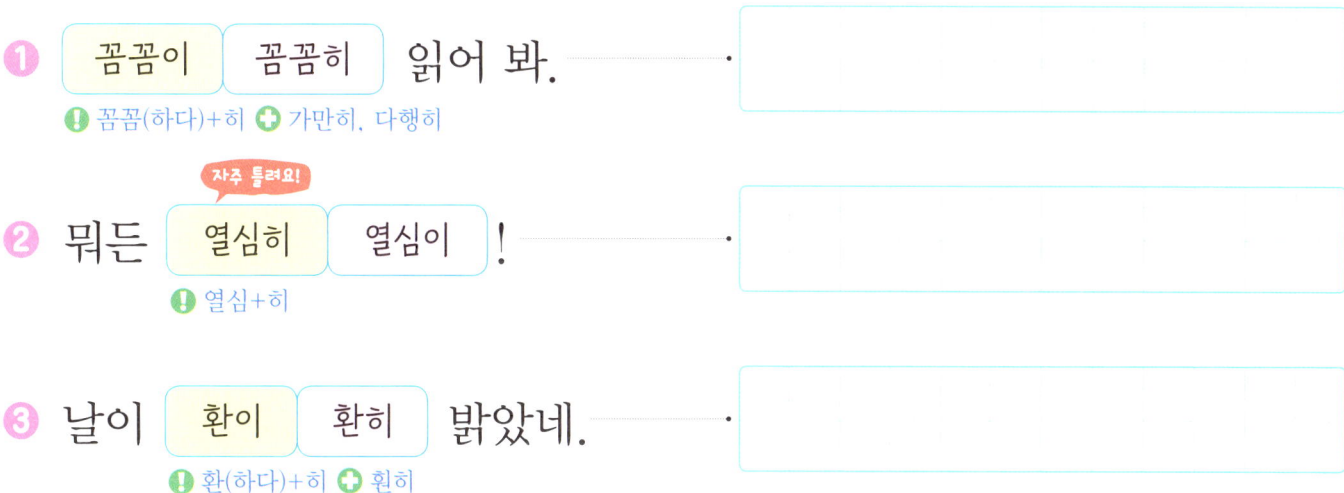

묻는 말에 **솔직이** 대답해 주길 바라. ❗ 솔직(하다)+히 ➕ 가득히 **자주 틀려요!**

쑥쓰럽다 → 쑥스럽다

예사소리(ㄱ·ㄷ·ㅂ·ㅅ·ㅈ) 받침 뒤에서 센소리가 나더라도 글자는 본래대로 써요.

 예사소리 받침+된소리   법석 ┊ 싹둑 ┊ 덥석

따라 쓰기 바른 낱말을 골라 ○ 하고 바르게 읽고 또박또박 따라 써요.

❶ [쑥쓰러워] [쑥스러워] 해요.
⚠ [쑥쓰러워]라고 읽지만 본말대로 써요.

❷ [법썩] [법석] 떨지 마!
➖ 소란스럽게 떠드는 모양.

❸ [싹둑] [싹뚝] 잘랐어.

고쳐 쓰기 틀린 낱말을 바르게 고쳐서 따라 써 보세요!

내 손을 덥썩  잡았다.

∨	∨	∨

앞에 나가 발표하기가 너무 쑥쓰러워요. ➖ 민망하고 어색한 데가 있다.

	∨	∨	∨
∨			

안스럽다 → 안쓰럽다

울림소리(ㄴ·ㄷ·ㄹ·ㅇ) 받침 뒤에서 **센소리**가 나면 글자는 소리 나는 대로 써요.

 울림소리 받침+된소리 몽땅 | 알쏭달쏭 | 듬뿍

따라 쓰기 바른 낱말을 골라 ○ 하고 바르게 읽고 또박또박 따라 써요.

❶ [안쓰러운] [안스러운] 마음.
    ❗ ㄴ받침 뒤에 나는 센소리는 그대로 써요.

❷ 이걸 [몽당] [몽땅] 준다고?
    ❗ ㅇ받침 뒤 센소리 ➕ 공짜

❸ [알쏭달쏭] [알송달송] 하다.
    ❗ ㄹ받침 뒤 센소리

고쳐 쓰기 틀린 낱말을 바르게 고쳐서 따라 써 보세요!

사랑을 듬북 받다. ❗ ㅁ받침 뒤 센소리는 소리 나는 대로 써요.

곤히 잠든 아빠 모습이 왠지 안스러웠다. ⊜ 미안하고 가엾다.

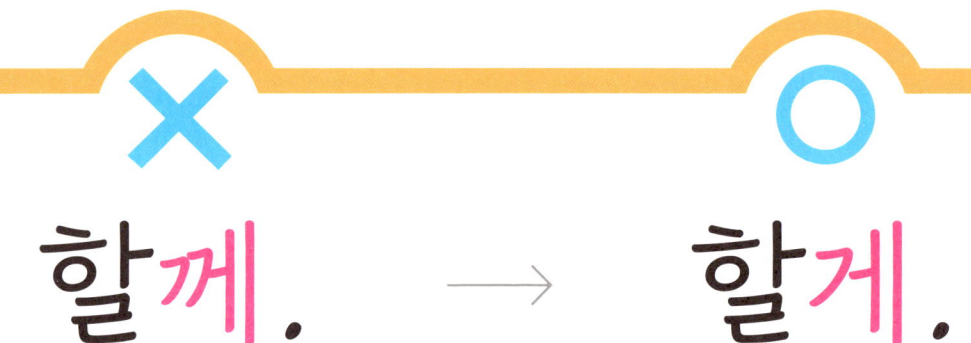

할께. ✕ → 할게. ◯

어떤 행동을 하겠다고 **굳게** 말할 때 **–ㄹ게**라고 해요. 소리 나는 대로 **–께**로 쓰면 안 돼요.

 –ㄹ게. 갈게. ┃ 지킬게. ┃ 볼게. ┃ 먹을게. ┃ 쓸게.

✏️ **따라 쓰기** 바른 낱말을 골라 ◯ 하고 바르게 읽고 또박또박 따라 써요.

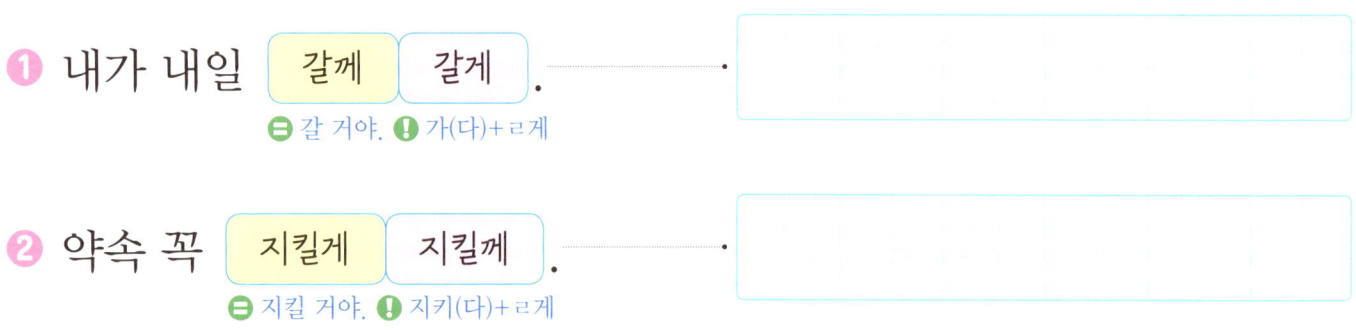

❶ 내가 내일 [갈께] [갈게].

　　　　⊖ 갈 거야. ❗ 가(다)+ㄹ게

❷ 약속 꼭 [지킬게] [지킬께].

　　　　⊖ 지킬 거야. ❗ 지키(다)+ㄹ게

❸ 마저 다 [볼께] [볼게].

　　　　⊖ 볼 거야. ❗ 보(다)+ㄹ게

✏️ **고쳐 쓰기** 틀린 낱말을 바르게 고쳐서 따라 써 보세요!

아침밥을 꼭 먹을께요.

네가 빌려 준 연필 잘 쓸께.

✕ 할려고 → ◯ 하려고

어떤 행동을 하겠다고 부드럽게 말할 때는 **–려고**를 붙여요. ㄹ 받침을 붙이면 안 돼요.

–려고 가려고 | 자려고 | 사려고 | 갈려고

✏️ **따라 쓰기** 바른 낱말을 골라 ◯ 하고 바르게 읽고 또박또박 따라 써요.

1 집에 [가려고 | 갈려고] 했어.
⚠️ 가(다)+려고

2 곧 [잘려고 | 자려고] 해요.
⚠️ 자(다)+려고

3 콩을 [살려고 | 사려고] 요.
⚠️ 사(다)+려고

✏️ **고쳐 쓰기** 틀린 낱말을 바르게 고쳐서 따라 써 보세요!

숙제를 할려고 했지. ⚠️ 하(다)+려고

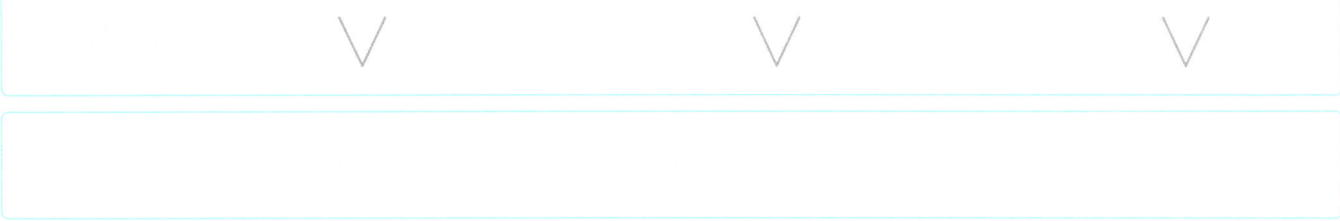

마늘을 가려고 믹서를 구입했다. ⚠️ 갈(다)+려고

×　남**여**　→　○　남**녀**

ㄴ·ㄹ은 **첫소리**이면 ㄴ은 ㅇ, ㄹ은 ㄴ으로 바뀌지만 **뒤에서는 본래대로 써요.**

첫소리 법칙　여자 ㅣ 노인 ㅣ 내일 ㅣ 연도

✏️ **따라 쓰기**　바른 낱말을 골라 ○ 하고 바르게 읽고 또박또박 따라 써요.

❶ 힘센　| 여자 | 녀자 |　도 있어.
❗'녀(女, 여자 녀)'는 첫소리로 여!

❷ | 남여 | 남녀 |　차별은 금지!
❗뒷음절에서는 본래대로 녀!

❸ 누구나　| 로인 | 노인 |　이 돼.
❗'로(老, 늙을 로)'는 첫소리로 노!

✏️ **고쳐 쓰기**　틀린 낱말을 바르게 고쳐서 따라 써 보세요!

잠깐 주목!
'늙을 로'는 첫소리로는 '**노**'
이지만, 경로당처럼 뒷음절
에서는 본래대로 '**로**'가
되지!

래일은 오늘의 미래.　❗'래(來, 올 래)'는 첫소리로 내(내일), 뒷음절에서는 래(미래)!

내가 2학년일 때가 몇 **년도**였지?　❗'년(年, 해 년)'은 첫소리로 연(연도), 뒷음절에서는 년(학년)!

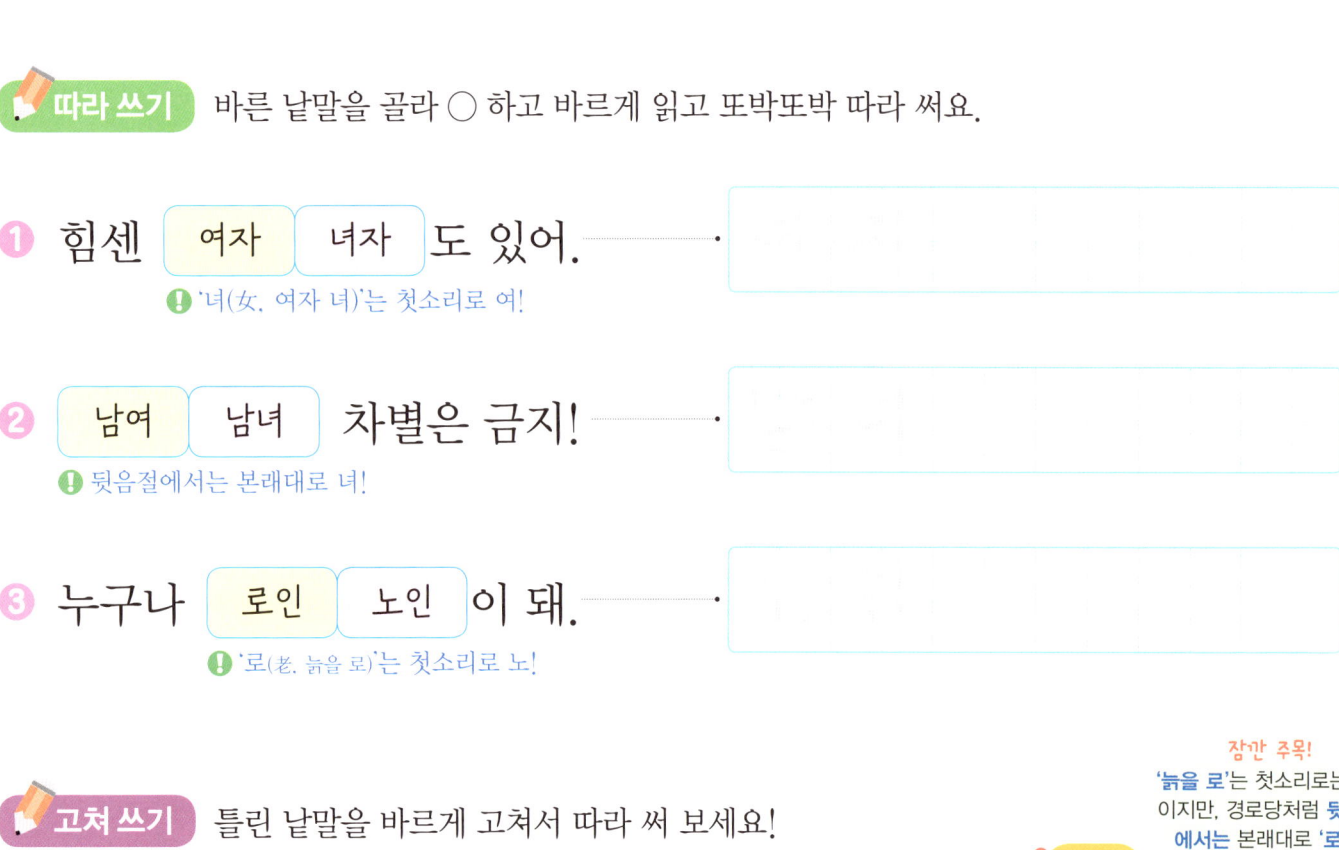

희안하다 ✕ → 희**한**하다 ○

한자어는 비슷한 다른 글자로 잘못 쓰는 일이 흔한데, **한자 뜻을 알면** 구별이 쉬워요.

 한자어 역할 ┃ 성대모사

✏️ **따라 쓰기** 바른 낱말을 골라 ○ 하고 바르게 읽고 또박또박 따라 써요.

① [희안한] [희한한] 물건이야.

⊜ 무척 신기하다. ❗稀罕(드물 희+드물 한)

② 어떤 [역활] [역할] 이야?

⊜ 맡은 바 직책이나 임무.

③ 누구 [성대묘사] [성대모사] 야?

⊜ 다른 사람이나 동물 소리를 흉내 냄.

✏️ **고쳐 쓰기** 틀린 낱말을 바르게 고쳐서 따라 써 보세요!

역활을 나누어서 맡자. ❗役割(부릴 역+나눌 할)

∨   ∨

원숭이 성대묘사를 했는데 진짜 똑같아. ❗聲帶模寫(소리 성+띠 대+본뜰 모+베낄 사)

∨   ∨

∨

겨울내 → 겨우내

겨울+내. 두 낱말이 만나 앞말의 **ㄹ받침**이 떨어졌는데, 이런 현상을 **ㄹ탈락**이라고 해요.

 ㄹ탈락　가으내 ｜ 겨우살이 ｜ 바느질 ｜ 따님 ｜ 아드님

따라 쓰기　바른 낱말을 골라 ○ 하고 바르게 읽고 또박또박 따라 써요.

① | 겨울내 | 겨우내 | 꽁꽁 얼다.
➖ 겨울 내내.

② | 가으내 | 가을내 | 가뭄 들다.
➖ 가을 내내. ❗ 가을+내

③ | 겨우살이 | 겨울살이 | 준비.
➖ 겨울을 지낼 옷가지나 음식. ❗ 겨울+살이

고쳐 쓰기　틀린 낱말을 바르게 고쳐서 따라 써 보세요!

바늘질이 참 곱다. ❗ 바늘+질

딸님은 어디 가고 아들님과 오셨어요? ❗ 딸+님. 아들+님

깡총깡총 → 깡충깡충

모양이나 움직임을 흉내 낸 말 중에는 **약속한 표기법**이 따로 있는 말이 있어요.

 의태어 데굴데굴 ┃ 뭉게뭉게 ┃ 해롱해롱 ┃ 반짝반짝

✏️ **따라 쓰기** 표기법에 맞는 낱말을 골라 ○ 하고 또박또박 읽고 따라 써요.

1 | 깡총깡총 | 깡충깡충 | 뛴다. ·
➖ 높이 솟구쳐 뛰어가는 모양. ➕ 껑충껑충

2 공이 | 대굴대굴 | 데굴데굴 | 굴러가. ·
➖ 큰 물건이 계속 구르는 모양.

3 | 뭉개뭉개 | 뭉게뭉게 | 구름. ·
➖ 둥글게 잇따라 나오는 모양.

✏️ **고쳐 쓰기** 틀린 낱말을 바르게 고쳐서 따라 써 보세요!

졸려서 해롱해롱해요. ➖ 몸을 제대로 가누지 못하는 모양.

풀잎 위의 이슬이 햇볕에 빤작빤작 빛나. ➖ 빛이 밝게 깜박거리는 모양. ➕ 빤짝빤짝

삐약삐약 → 삐악삐악

소리를 흉내 낸 말 중에도 서로 **약속한 표기법**이 따로 있는 말이 있어요.

의성어   음매 ┊ 쯧쯧 ┊ 쌕쌕 ┊ 뛰뛰빵빵

 따라 쓰기   표기법에 맞는 낱말을 골라 ○ 하고 또박또박 읽고 따라 써요.

1 삐약삐약 ┊ 삐악삐악   병아리. ·········
➕ (참새가) 짹짹, (제비가) 지지배배

2 송아지가 음매 ┊ 음메 운다. ·········
➕ (매미가) 맴맴, (모기가) 앵앵

3 춧춧 ┊ 쯧쯧 혀를 찼다. ·········
➕ 쩝쩝 (먹다)

고쳐 쓰기   틀린 낱말을 바르게 고쳐서 따라 써 보세요!

숨을 쎅쎅 몰아쉬었어.

∨   ∨

아가야, 띠띠빵빵 자동차 보러 가자. ➕ 부릉부릉, 붕붕

∨   ∨

∨

 초콜렛 →  초콜릿

우리가 흔히 쓰는 **외국어를 한글로 쓸 때**도 맞춤법 **표기법에 맞게** 써요.

 외래어 맞춤법　돈가스 | 리모컨 | 메시지 | 배지 | 뷔페 | 스케줄 | 파이팅

✏️ **따라 쓰기**　표기법에 맞는 낱말을 골라 ○ 하고 또박또박 읽고 따라 써요.

❶ [돈까스] [돈가스] 를 먹고 싶어. ┈┈

❷ TV [리모컨] [리모콘] 이리 줘. ┈┈
　　➕ 에어컨

❸ [메세지] [메시지] 못 봤어? ┈┈
　　➕ 소시지

❹ 국회의원 [뱃찌] [배지] 달았다! ┈┈

❺ [뷔페] [부페] 에서 실컷 먹자. ┈┈

❺ 오늘 [스케쥴] [스케줄] 있어? ┈┈
　　➕ 주스

❻ 우리 팀 [화이팅] [파이팅] ! ┈┈

맞춤법! 왜 틀릴까? ❹

구별해서 정확하게 쓰기

글자 모양이나 소리, 말뜻이 서로 비슷해서
뒤죽박죽 섞어 구분하지 않고 쓰는 낱말들이 있어요.
낱말 뜻만 외우기보다는 문장과 함께
의미를 정확하게 이해해서 써야 해요.

 서로 다른 말을 구별하지 않고
대충 얼버무리듯 쓰면 틀려요!

헷갈리는 맞춤법

소리도 뜻도 다른데 헷갈리는 어휘

선생님이 맞춤법을 **가르쳤다**. / 신호등을 **가리켰다**.
우리는 서로 **달라**! / 답이 **틀렸어**!

소리가 같은데 뜻이 다른 어휘

산 **너머**에 학교가 있어. / 산 **넘어** 학교에 갔어.
반듯이 앉아라. / **반드시** 지켜.

의미에 따라 달라지는 어휘

뭐**든지** 먹을 수 있어.
얼마나 맛있**던지**!

이 말도 맞고, 저 말도 맞아요. '틀린' 게 아니라 서로 뜻이 '다를' 뿐이에요. 문장의 의미를 이해하면서 따라 써요.

늘리다 VS 늘이다

뜻 본래보다 더 커지게 하다.
더 많아지게 하다.

뜻 길이를 원래보다 더
길어지게 하다.

✏️ **따라 쓰기** 낱말의 뜻을 생각하며 바르게 읽고 또박또박 따라 써요.

❶ 시간을 좀 [　　] 줘요.

❷ 몸을 쭉쭉 [　　].

❸ 저축을 [　　].

❹ 연줄을 더 [　　] 잡아.

❺ 실력을 더 [　　].

❻ 길게 잡아 [　　].

잠시 주목!
길이가 길어지게 할 때는
늘이다, 시간·양·부피를
늘어나게 할 땐 **늘리다**.

✏️ **고쳐 쓰기** 틀린 낱말을 바르게 고쳐서 읽고 따라 써 보세요!

쿠폰 개수를 늘여 줘!

[　　∨　　∨　　∨　　]

치즈를 죽죽 늘려 먹는 재미가 있어.

[　　∨　　∨　　∨　　∨]

[　　∨　　]

다르다 **VS** 틀리다

뜻 서로 같지 않다.
차이가 있다.

뜻 맞지 않다.
어긋나다.

따라 쓰기 낱말의 뜻을 생각하며 바르게 읽고 또박또박 따라 써요.

❶ 나는 너와 ⬚⬚⬚⬚.

❷ 계산이 ⬚⬚⬚⬚.

❸ ⬚⬚⬚⬚ 생겼어요!

❹ ⬚⬚ 답이 있어요.

❺ 맛이 전혀 ⬚⬚⬚.

❻ 맞춤법을 ⬚⬚⬚.

고쳐 쓰기 틀린 낱말을 바르게 고쳐서 읽고 따라 써 보세요!

사람마다 생각이 틀려.

쌍둥이라도 성격이 틀리고 생김새도 틀려.

맞추다 VS 맞히다

뜻 1. 기준에 맞게 비교해 살피다.
2. 제자리에 맞게 대어 붙이다.

뜻 1. 답을 틀리지 않게 알아내다.
2. 한 지점에 닿게 하다.

✏️ **따라 쓰기** 낱말의 뜻을 생각하며 바르게 읽고 또박또박 따라 써요.

❶ 퍼즐을 　　　　　.

❷ 정답을 　　　　　.

❸ 줄 　　　 가자!

❹ 과녁에 　　　 봐.

❺ 알람 시간을 　　　　.

❻ 주사를 　　　　.

✏️ **고쳐 쓰기** 틀린 낱말을 바르게 고쳐서 읽고 따라 써 보세요!

잠시 주목!
수수께끼 답을 **맞히고**,
서로 답안지를 비교해서
맞춰 보고! 차이를
알겠어?

내가 정답을 맞췄어!

　∨　　　　∨　　　　　　　　

너희가 쓴 답안지를 정답과 맞혀 보자.

　　　　∨　　∨　　　　　　∨　　

　　∨　　∨

바라다  바래다

뜻 어떤 일·상태가 생각한 대로
이루어지기를 기대하다.

뜻 색이 변해서 희미해지거나
누렇게 되다.

✏️ **따라 쓰기** 낱말의 뜻을 생각하며 바르게 읽고 또박또박 따라 써요.

❶ 행복을 [　　　　].

❷ 누렇게 [　　　　].

❸ 건강하길 [　　　　].

❹ 사진 색이 [　　　　].

❺ [　　　　] 대로 됐으면!

❻ 빛 [　　] 사랑.

✏️ **고쳐 쓰기** 틀린 낱말을 바르게 고쳐서 읽고 따라 써 보세요!

내 바램이 이루어졌어!

[　ⅴ　　　　ⅴ　　　　　]

친구들과 친하게 지내기를 바랬어.

[　　　ⅴ　　　　ⅴ　　　]

[　　　　　　　　　　]

벌이다 VS 벌리다

뜻 1. 계획한 일을 시작하거나 펼치다.
2. 여러 물건을 늘어놓다.

뜻 1. 둘 사이를 멀어지게 하다.
2. 오므린 것을 펴거나 열다.

✏️ **따라 쓰기** 낱말의 뜻을 생각하며 바르게 읽고 또박또박 따라 써요.

❶ 돌잔치를 ⬚⬚⬚⬚ .

❷ 간격을 ⬚⬚⬚⬚ .

❸ 말다툼을 ⬚⬚⬚⬚ ?

❹ 양팔을 ⬚⬚⬚ .

❺ 물건을 잔뜩 ⬚⬚ 났네!

❻ 봉투를 ⬚⬚ 봐!

✏️ **고쳐 쓰기** 틀린 낱말을 바르게 고쳐서 읽고 따라 써 보세요!

일 좀 그만 벌려!

⬚ ⋁ ⬚ ⋁ ⬚ ⋁ ⬚⬚⬚⬚⬚⬚⬚⬚⬚

과자 봉지를 뜯어서 벌여 놓았네?

⬚⬚⬚ ⋁ ⬚⬚⬚ ⋁ ⬚⬚⬚ ⋁ ⬚⬚

⬚⬚⬚⬚⬚⬚⬚⬚⬚⬚⬚⬚⬚

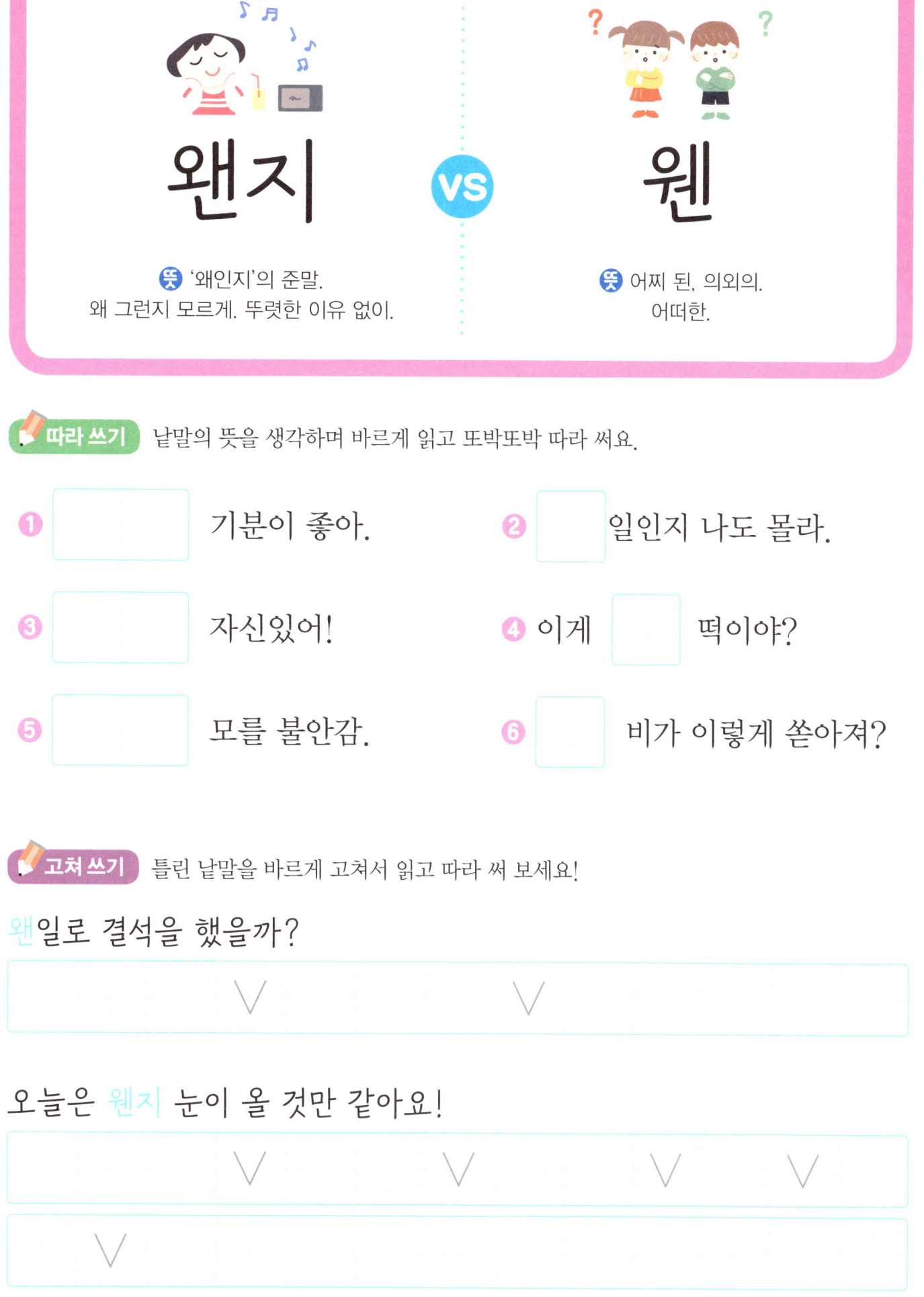

왠지 VS 웬

뜻 '왜인지'의 준말.
왜 그런지 모르게. 뚜렷한 이유 없이.

뜻 어찌 된, 의외의.
어떠한.

✏️ **따라 쓰기** 낱말의 뜻을 생각하며 바르게 읽고 또박또박 따라 써요.

❶ ☐ 기분이 좋아.

❷ ☐ 일인지 나도 몰라.

❸ ☐ 자신있어!

❹ 이게 ☐ 떡이야?

❺ ☐ 모를 불안감.

❻ ☐ 비가 이렇게 쏟아져?

✏️ **고쳐 쓰기** 틀린 낱말을 바르게 고쳐서 읽고 따라 써 보세요!

왠일로 결석을 했을까?

오늘은 웬지 눈이 올 것만 같아요!

잇다 VS 잃다

뜻 1. 알던 것을 기억하지 못하다.
2. 신경 쓰지 않는다.

뜻 1. 가졌던 물건·기회·감정이 사라지다.
2. 길이나 방향을 구별하지 못한다.

✏️ **따라 쓰기** 낱말의 뜻을 생각하며 바르게 읽고 또박또박 따라 써요.

❶ 기억을 까맣게 [　　] .

❷ 소 [　　] 외양간 고친다.

❸ 비밀번호를 [　　] 버렸어.

❹ 돈을 [　　] 버렸어!

❺ 배고픔도 [　　] 일했다.

❻ 길을 [　　] 헤맸다.

✏️ **고쳐 쓰기** 틀린 낱말을 바르게 고쳐서 읽고 따라 써 보세요!

용기를 잊지 마.

[　　　　　　　　　　　　　]

엄마 생신을 깜박 잃어버렸지 뭐야.

[　　　　　　　　　　　　　]
[　　　　　　　　　　　　　]

작다 vs 적다

뜻 길이·넓이·높이 따위가 보통의 정도에 못 미치거나 덜하다.

뜻 수나 양이 보통 정도에서 모자라거나 부족하다.

✏️ **따라 쓰기** 낱말의 뜻을 생각하며 바르게 읽고 또박또박 따라 써요.

① 크고 ☐☐☐ .

② 많고 ☐☐☐ .

③ 신발이 ☐☐☐☐ .

④ 내 밥은 왜 ☐☐☐☐☐ ?

⑤ ☐☐☐ 곤충이 와글거려.

⑥ 머리숱이 ☐☐☐☐ 아빠.

✏️ **고쳐 쓰기** 틀린 낱말을 바르게 고쳐서 읽고 따라 써 보세요!

컵은 큰데 물이 작네.

	∨		∨		∨	

손톱만 한 적은 꽃이 앙증맞아 예뻐요.

	∨		∨		∨		∨	

	∨	

빗다 VS 빚다

🟦뜻 머리카락이나 털을 가지런히 정리하다.

🟦뜻 반죽을 주물러서 모양을 만들다.

✏️ **따라 쓰기** 낱말의 뜻을 생각하며 바르게 읽고 또박또박 따라 써요.

❶ 빗으로 [   ].

❷ 도자기를 [   ].

❸ 수염을 [   ].

❹ 떡을 [   ].

❺ 곱게 [   ] 머리.

❻ 정성껏 [   ] 만두.

✏️ **고쳐 쓰기** 틀린 낱말을 바르게 고쳐서 읽고 따라 써 보세요!

머리는 빚고 나가야지!

[∨   ∨   ]

머리부터 단정히 빗고 나서 송편을 빚자.

[∨   ∨   ∨   ]

[∨   ∨   ]

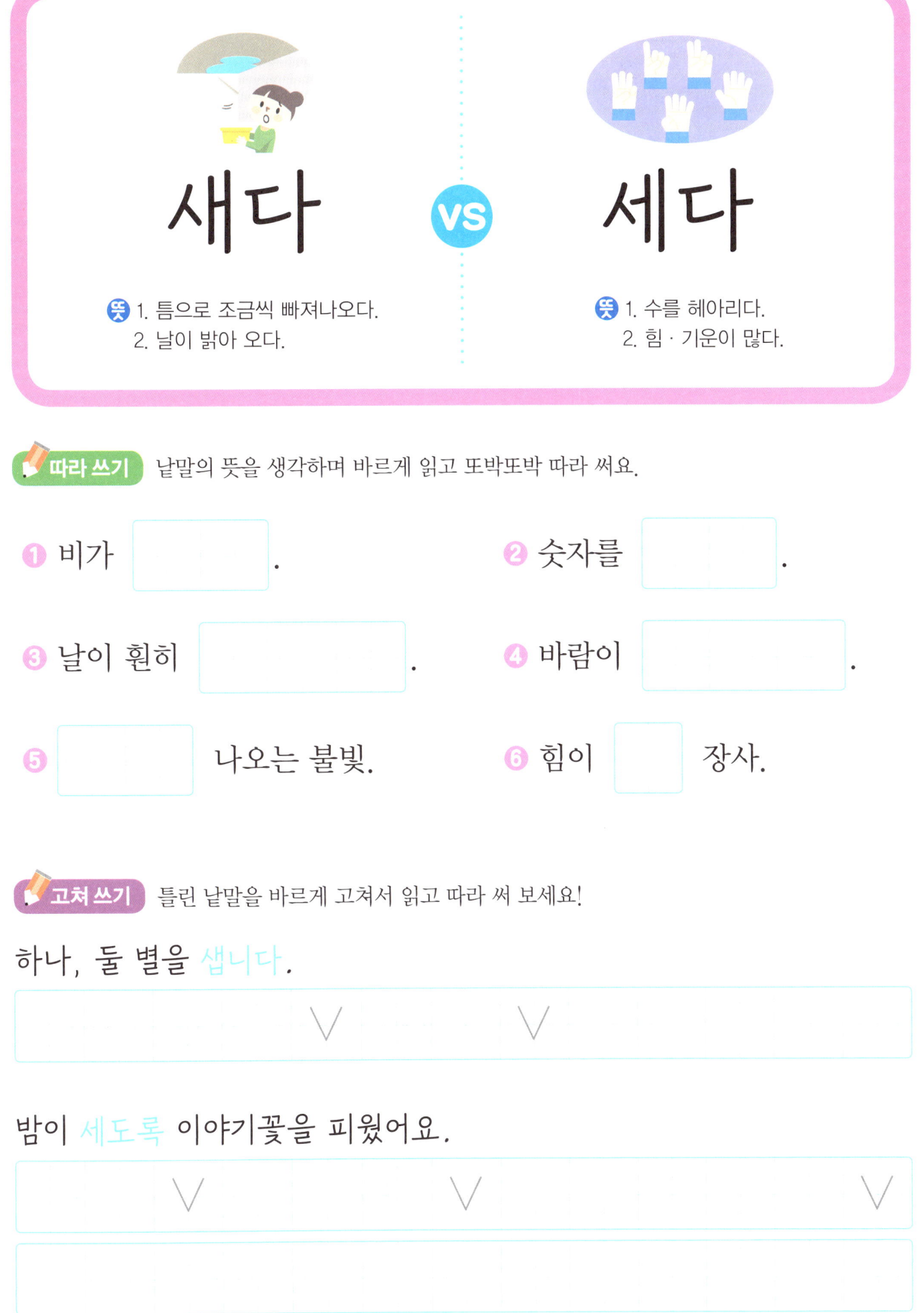

새다 **VS** 세다

😊 1. 틈으로 조금씩 빠져나오다.
2. 날이 밝아 오다.

😊 1. 수를 헤아리다.
2. 힘·기운이 많다.

✏️ **따라 쓰기** 낱말의 뜻을 생각하며 바르게 읽고 또박또박 따라 써요.

❶ 비가 [　　　].

❷ 숫자를 [　　　].

❸ 날이 훤히 [　　　　　].

❹ 바람이 [　　　　　].

❺ [　　　] 나오는 불빛.

❻ 힘이 [　] 장사.

✏️ **고쳐 쓰기** 틀린 낱말을 바르게 고쳐서 읽고 따라 써 보세요!

하나, 둘 별을 샙니다.

하나, 둘 별을 샙니다.

밤이 세도록 이야기꽃을 피웠어요.

밤이 세도록 이야기꽃을 피웠어요.

짓다

VS

짖다

뜻 1. 건물이나 밥·옷·글을 만들다.
2. 얼굴에 감정·태도를 나타내다.

뜻 1. 개가 목청으로 소리를 내다.
2. 새가 시끄럽게 울어서 지저귀다.

✏️ **따라 쓰기** 낱말의 뜻을 생각하며 바르게 읽고 또박또박 따라 써요.

❶ 미소를 [　　　　] .

❷ 멍멍 [　　　　　] .

❸ 어제 개집을 [　　　　] .

❹ 짐승들이 울부 [　　　　] .

❺ 밥 [　　　] 먹자!

❻ 새들이 [　　　] 댄다.

✏️ **고쳐 쓰기** 틀린 낱말을 바르게 고쳐서 읽고 따라 써 보세요!

슬픈 표정 짖지 말아요.

[　∨　　∨　　∨　　　]

강아지가 멍멍 짓자 까치도 깍깍 울어 댔어.

[　∨　　∨　　∨　]
[　∨　　∨　　∨　]

가르치다 vs 가리키다

뜻 지식 · 정보 · 기능 등 모르는 것을 알게 해 준다.

뜻 손가락 같은 것으로 대상이나 방향을 집어 보인다.

✏️ **따라 쓰기**   낱말의 뜻을 생각하며 바르게 읽고 또박또박 따라 써요.

❶ 학생을 [   ].

❷ 동쪽을 [   ].

❸ 덧셈을 [   ].

❹ 네 시를 [   ].

❺ 피아노부터 [   ]!

❻ 범인을 [   ] 봐!

✏️ **고쳐 쓰기**   틀린 낱말을 바르게 고쳐서 읽고 따라 써 보세요!

잠깐 주목!
'가르치다'와 '가리키다'를
뒤죽박죽 섞어서,
가르키다로 잘못 쓰는
일이 많아.

아이들을 가르키고 있어.

[∨   ∨   ]

손가락이 가르키는 저 달을 봐 봐!

[∨   ∨   ∨   ]

[∨   ∨   ]

매다 VS 메다

🔵뜻 끈·줄의 두 끝을 묶어 풀리지 않게 마디를 만들다.

🔵뜻 1. 어깨에 걸쳐서 든다.
2. 감정이 치밀어 목소리가 잘 안 나온다.

✏️ **따라 쓰기** 낱말의 뜻을 생각하며 바르게 읽고 또박또박 따라 써요.

❶ 안전벨트를 [매다].

❷ 가방을 [메다].

❸ 신발 끈을 [매다].

❹ 기쁨에 목이 [메다].

❺ 허리에 [맨] 가방

❻ 어깨에 [멘] 기타.

✏️ **고쳐 쓰기** 틀린 낱말을 바르게 고쳐서 읽고 따라 써 보세요!

리본을 멜 줄 알아?

| 리 | 본 | 을 | ∨ | 맬 | ∨ | 줄 | ∨ | 알 | 아 | ? | | |

가슴이 매어 다음 말을 이을 수가 없었어.

| 가 | 슴 | 이 | ∨ | 메 | 어 | ∨ | 다 | 음 | ∨ | 말 | 을 | ∨ |
| 이 | 을 | ∨ | 수 | 가 | ∨ | 없 | 었 | 어 | . | | | |

붙이다 VS 부치다

뜻 1. 맞닿아 떨어지지 않게 하다.
2. 불을 일으켜 타게 하다.

뜻 1. 편지나 물건을 보내다.
2. 기름에 음식을 익혀 만들다.

따라 쓰기 낱말의 뜻을 생각하며 바르게 읽고 또박또박 따라 써요.

❶ 스티커를 [   ].

❷ 편지를 [   ].

❸ 불을 [   ].

❹ 부침개를 [   ].

❺ 벽에 [   ] 벽보.

❻ 나에게 [   ] 편지.

고쳐 쓰기 틀린 낱말을 바르게 고쳐서 읽고 따라 써 보세요!

귤을 택배로 붙였어.

∨		∨		

우표 부쳐서 편지를 붙이려고 해.

∨		∨		∨	

∨				

낫다 VS 낳다

낫다
뜻 1. 몸의 상처나 병이 치료되다.
2. 더 좋거나 보다 앞서 있다.

낳다
뜻 알이나 새끼, 아이를 배 속에서 몸 밖으로 내놓다.

✏️ **따라 쓰기** 낱말의 뜻을 생각하며 바르게 읽고 또박또박 따라 써요.

❶ 감기가 [   ] 않는다.

❷ 새는 둥지에 알을 [   ].

❸ 오, 이게 더 [   ]!

❹ 우리를 [   ] 기르셨어요.

❺ 둘 중 뭐가 [   ]?

❻ 개가 새끼를 [   ].

✏️ **고쳐 쓰기** 틀린 낱말을 바르게 고쳐서 읽고 따라 써 보세요!

곧 병이 낳을 거야! ❗ '낫(다)+ㅇ'이면 받침이 빠져요. ➕ 나아서, 나아져

	∨		∨		∨				

엄마가 귀여운 동생을 나을 거예요. ❗ '낳(다)+ㅇ'이면 받침을 살려요. ➕ 낳아서

		∨			∨			∨

	∨								

너머 **VS** 넘어

뜻 높이나 경계로 가로막은 사물의 저쪽, 뒤편 등의 공간.

뜻 높은 부분의 위를 지나가다.

✏️ **따라 쓰기** 낱말의 뜻을 생각하며 바르게 읽고 또박또박 따라 써요.

❶ 어깨 [　　　] 로 배웠어요.

❷ 한국을 [　　　] 세계로!

❸ 언덕 [　　　] 에 있어!

❹ 걸어서 산을 [　　　] 갔다!

❺ 철망 [　　　] 로 보이는 꽃.

❻ 아빠 키를 [　　] 커야지.

잠깐 주목!
직접 움직일 때는
넘어이고, 움직이지 않고
가리키거나 볼 때는
너머야!

✏️ **고쳐 쓰기** 틀린 낱말을 바르게 고쳐서 읽고 따라 써 보세요!

용기는 파도를 너머!

[　　　∨　　　∨　　　]

창문 넘어로 밤하늘의 별이 반짝여.

[　　∨　　∨　　　∨　]

[　∨　　　　　　　]

다치다  닫히다

뜻 부딪치거나 맞거나 하여 몸에
상처가 생기다.

뜻 문·뚜껑·서랍 등 열려 있던 것이
원래대로 막히다.

✏️ **따라 쓰기** 낱말의 뜻을 생각하며 바르게 읽고 또박또박 따라 써요.

① 다리를 [   ] .

② 창문이 [   ] .

③ 넘어져서 [   ] .

④ 바람에 문이 [   ] .

⑤ [   ] 곳에 약을 바르렴!

⑥ [   ] 뚜껑이 안 열려!

✏️ **고쳐 쓰기** 틀린 낱말을 바르게 고쳐서 읽고 따라 써 보세요!

닫히지 않도록 조심해!

[   ] ∨ [   ] ∨ [   ]

서랍이 다치지 않아서 애먹었어요.

[   ] ∨ [   ] ∨ [   ] ∨ [   ]

[   ]

 드러내다  들어내다

뜻 가려져 있던 것이나 사실을
보이게 하다.

뜻 물건을 들어서 밖으로
옮기다.

따라 쓰기 낱말의 뜻을 생각하며 바르게 읽고 또박또박 따라 써요.

❶ 이를 [   ] 웃다. ❷ 물건을 [   ] .

❸ 속마음을 [   ] . ❹ 이삿짐을 [   ] .

❺ 어깨를 [   ] 원피스. ❻ 소파를 [   ] 자리.

고쳐 쓰기 틀린 낱말을 바르게 고쳐서 읽고 따라 써 보세요!

벌써 천재성을 들어냈다.

[   ]

책상을 드러내고 나니까 방이 휑하더라.

[   ]

[   ]

맞다 VS 맡다

뜻 1. 틀리지 않다.
   2. 사람 · 시간 · 점수를 받다.

뜻 1. 코로 냄새를 알아차리다.
   2. 일 · 자리 · 허락을 받다.

따라 쓰기 낱말의 뜻을 생각하며 바르게 읽고 또박또박 따라 써요.

❶ 답이 ☐☐☐.

❷ 꽃향기를 ☐☐☐.

❸ 만점도 ☐☐!

❹ 반장도 ☐☐!

❺ 생일을 ☐☐☐☐.

❻ 허락을 ☐☐☐☐.

잠깐 주목!
두 말은 읽을 땐 [맏따]로
소리가 같지만, 뜻이 전혀
달라요. 잘 구별해서
쓰도록 해요.

고쳐 쓰기 틀린 낱말을 바르게 고쳐서 읽고 따라 써 보세요!

이게 맡니, 저게 맡니?

☐☐☐ ∨ ☐☐ ☐☐ ∨ ☐☐☐☐

고양이가 생선 냄새를 맞고 야옹거려요.

☐☐☐☐ ☐☐ ∨ ☐☐ ∨ ☐☐ ☐☐ ∨ ☐

☐ ∨ ☐☐☐☐☐☐.

배다 VS 베다

뜻 1. 스며들거나 스며 나오다.
2. 배 속에 아이나 새끼를 가지다.

뜻 1. 날카로운 도구로 끊거나 자르다.
2. 누울 때 머리 아래에 받치다.

✏️ **따라 쓰기** 낱말의 뜻을 생각하며 바르게 읽고 또박또박 따라 써요.

❶ 고모가 아기를 _____ .

❷ 나무를 _____ .

❸ 웃음이 _____ 나왔어.

❹ 베개를 _____ 누웠어.

❺ 우리 정서가 □ 전통 음악.

❻ 손을 _____ .

✏️ **고쳐 쓰기** 틀린 낱말을 바르게 고쳐서 읽고 따라 써 보세요!

엄마 무릎을 배고 누워!

온몸에 김치 냄새가 베었지 뭐야.

무치다  묻히다

뜻 양념을 넣고 한데 뒤섞다.

뜻 1. 보이지 않게 감춰서 덮이다.
2. 바르거나 적시게 한다.

따라 쓰기 낱말의 뜻을 생각하며 바르게 읽고 또박또박 따라 써요.

❶ 나물을 [　　] 먹자.

❷ 공부에 [　　] 산다.

❸ 시큼달큼 [　　　　].

❹ 진실이 [　　　　].

❺ 된장에 [　　] 시래기.

❻ 초콜릿 [　　] 딸기.

고쳐 쓰기 틀린 낱말을 바르게 고쳐서 읽고 따라 써 보세요!

조물조물 묻혀 먹자.

[　　　　　　∨　　　∨　　　　　　]

가슴속에 무쳐 있던 그리움이 피어나.

[　　　　　∨　　　∨　　∨　　　]

[　∨　　　　　　　　　]

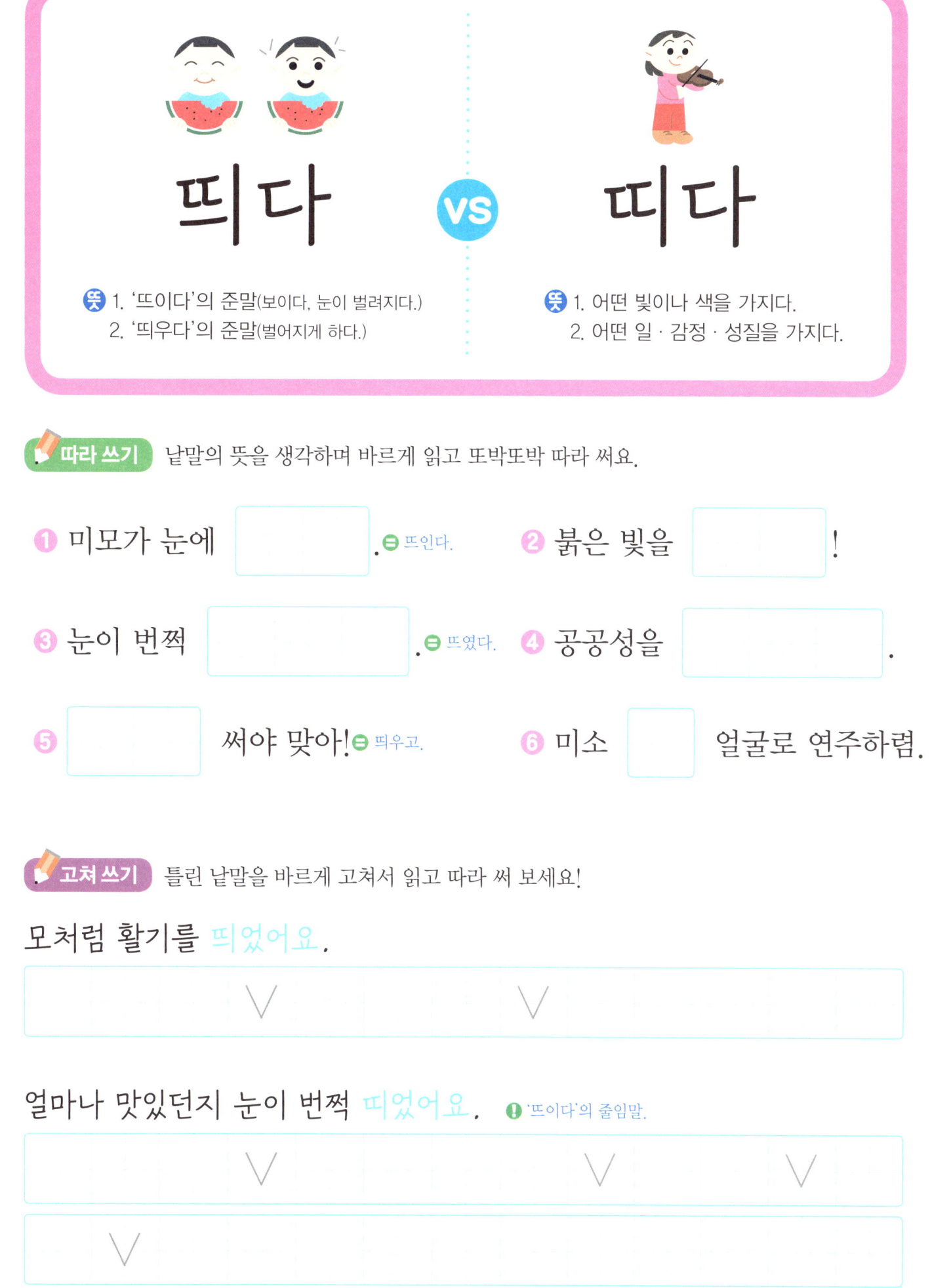

띄다 **VS** 띠다

뜻 1. '뜨이다'의 준말(보이다, 눈이 벌려지다.)
2. '띄우다'의 준말(벌어지게 하다.)

뜻 1. 어떤 빛이나 색을 가지다.
2. 어떤 일·감정·성질을 가지다.

따라 쓰기 낱말의 뜻을 생각하며 바르게 읽고 또박또박 따라 써요.

① 미모가 눈에 [ ]. ⊟ 뜨인다.

② 붉은 빛을 [ ]!

③ 눈이 번쩍 [ ]. ⊟ 뜨였다.

④ 공공성을 [ ].

⑤ [ ] 써야 맞아! ⊟ 띄우고.

⑥ 미소 [ ] 얼굴로 연주하렴.

고쳐 쓰기 틀린 낱말을 바르게 고쳐서 읽고 따라 써 보세요!

모처럼 활기를 띄었어요.

[∨ ∨]

얼마나 맛있던지 눈이 번쩍 띠었어요. ❶ '뜨이다'의 줄임말.

[∨ ∨ ∨]

[∨]

시키다 VS 식히다

뜻 1. 무엇을 하게 하다.
2. 음식이나 물건을 주문하다.

뜻 1. 온도를 낮추다.
2. 열기를 가라앉히다.

따라 쓰기 낱말의 뜻을 생각하며 바르게 읽고 또박또박 따라 써요.

❶ 청소를 [시킨다] .

❷ 땀을 [식힌다] .

❸ 커피를 [시켰지] .

❹ 물을 차게 [식힌다] .

❺ 왜 나만 [시켜] ?

❻ 땀 좀 [식혀] !

고쳐 쓰기 틀린 낱말을 바르게 고쳐서 읽고 따라 써 보세요!

뜨거우니 시켜 먹어.

[식혀서] ∨ [먹어] ∨ [음] [식] [혀] [먹] [어]

밥이 없으면 자장면 식혀서 먹자.

[밥] [이] ∨ [없] [으] [면] ∨ [자] [장] [면] ∨ [자] [장]

[시] ∨ [켜] [서] [먹] [자]

업다 **VS** 엎다

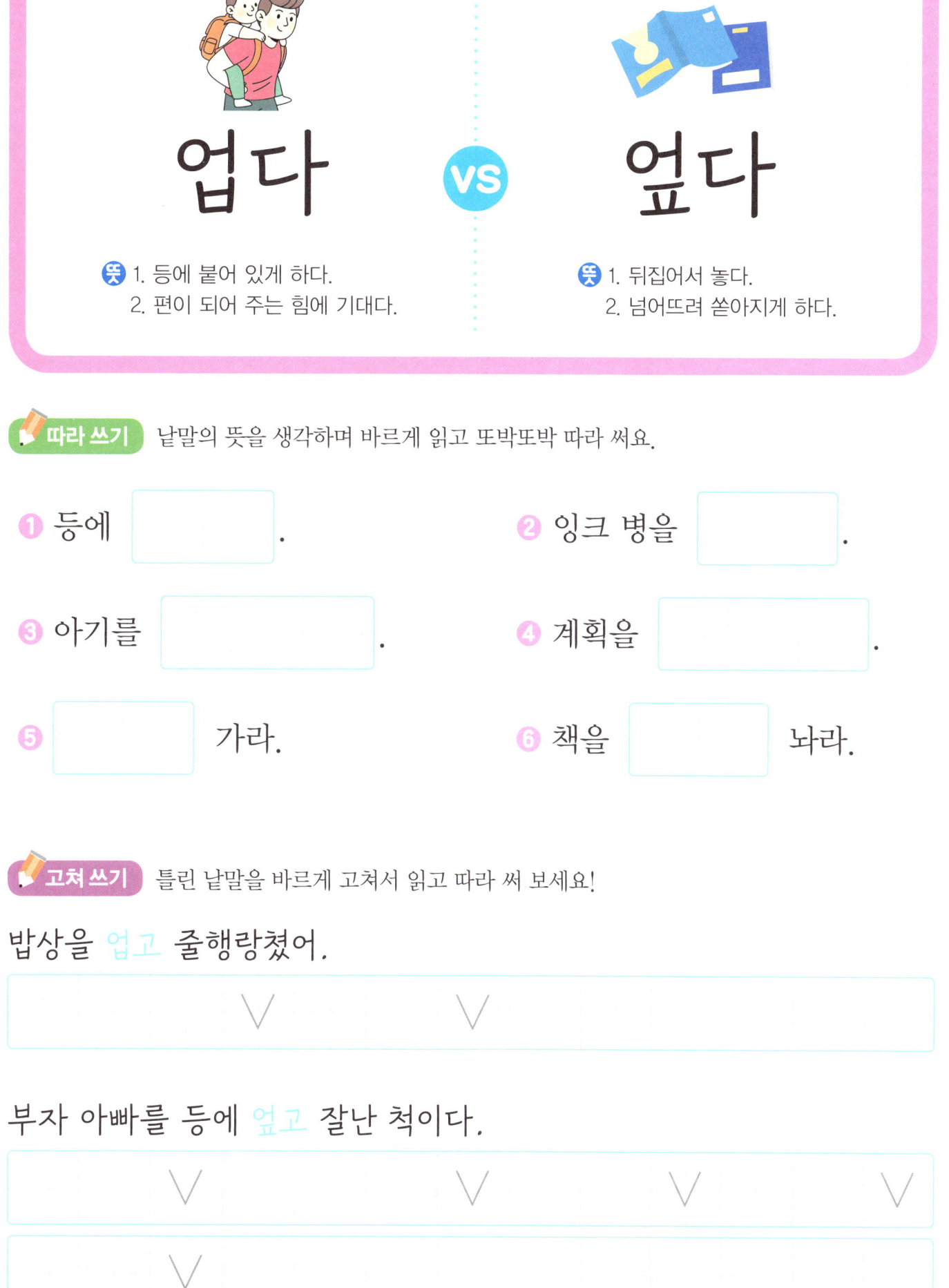

뜻 1. 등에 붙어 있게 하다.
2. 편이 되어 주는 힘에 기대다.

뜻 1. 뒤집어서 놓다.
2. 넘어뜨려 쏟아지게 하다.

✏️ **따라 쓰기** 낱말의 뜻을 생각하며 바르게 읽고 또박또박 따라 써요.

❶ 등에 [   ].

❷ 잉크 병을 [   ].

❸ 아기를 [   ].

❹ 계획을 [   ].

❺ [   ] 가라.

❻ 책을 [   ] 놔라.

✏️ **고쳐 쓰기** 틀린 낱말을 바르게 고쳐서 읽고 따라 써 보세요!

밥상을 업고 줄행랑쳤어.

∨	∨	

부자 아빠를 등에 엎고 잘난 척이다.

∨	∨	∨	∨

∨		

어떡해  어떻게

뜻 '어떻게 해'가 줄어든 말.

뜻 '어떠하게'가 줄어든 말.
'어떤 모양·형편·이유로'라는 뜻.

✏️ **따라 쓰기** 낱말의 뜻을 생각하며 바르게 읽고 또박또박 따라 써요.

① 울면 [   ] !

② [   ] 가지?

③ 다쳐서 [   ] !

④ [   ] 지냈니?

⑤ 안 오면 [   ] !

⑥ 안 오면 [   ] 하지?

✏️ **고쳐 쓰기** 틀린 낱말을 바르게 고쳐서 읽고 따라 써 보세요!

어떠케 불이 난 거야?

[∨   ∨   ∨   ]

교실에서 시끄럽게 떠들면 어떠케!

[∨   ∨   ]

[   ]

이따가 VS 있다가

뜻 조금 지난 뒤에.

뜻 어느 곳에서 떠나지 않고 머무르다가.

낱말의 뜻을 생각하며 바르게 읽고 또박또박 따라 써요.

❶ ☐☐☐ 올게.

❷ 여기 ☐☐☐ 갈까?

❸ ☐☐☐ 얘기하자.

❹ 도서관에 ☐☐☐ 가렴.

❺ 좀 ☐☐ 만나!

❻ 학교에 ☐☐☐ 더 놀자!

틀린 낱말을 바르게 고쳐서 읽고 따라 써 보세요!

방에 이따가 나오렴.

☐☐☐☐☐ ∨ ☐☐☐☐☐ ∨ ☐☐☐☐☐

케이크는 있다가 아빠가 오시면 먹자.

☐ ∨ ☐ ∨ ☐ ∨ ☐

☐ ∨ ☐

반드시  반듯이

😊 뜻 틀림없이, 꼭.

😊 뜻 비뚤어지거나 기울거나
굽지 않고 바르게.

✏️ **따라 쓰기** 낱말의 뜻을 생각하며 바르게 읽고 또박또박 따라 써요.

❶ 숙제부터 | | | | 해라.

❷ | | | | 앉아라.

❸ 약속은 | | | | 지켜!

❹ 선을 | | | | 긋자.

❺ | | | | 해야 할 일.

❻ | | | | 갠 이불.

✏️ **고쳐 쓰기** 틀린 낱말을 바르게 고쳐서 읽고 따라 써 보세요!

글씨를 반드시 쓰자.

집에 오면 반듯이 손을 씻으렴.

-(으)로서  -(으)로써

뜻 사람의 자격·지위·신분을
나타내는 말.

뜻 수단·도구·방법·시간을
나타내는 말.

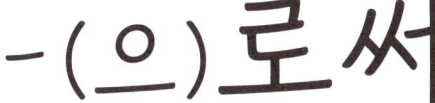 **따라 쓰기** 낱말의 뜻을 생각하며 바르게 읽고 또박또박 따라 써요.

❶ 의사 [　　　] 자랑스러워.

❷ 쌀 [　　　] 떡을 빚다.

❸ 부모 [　　　] 의 책임감.

❹ 오늘 [　　　] 만난 지 1년!

❺ 학생 [　　　] 해야 할 일.

❻ 말 [　　　] 천 냥 빚을 갚다.

고쳐 쓰기 틀린 낱말을 바르게 고쳐서 읽고 따라 써 보세요!

오늘로서 30일 남았다!

	∨		∨		

학생으로써 최선을 다해 공부하고 있어요.

	∨		∨		∨
	∨				

-던지 VS -든지

뜻 다음 말의 사실과 연결지을 때, 지난 과거 일을 나타내는 말.

뜻 둘 이상의 동작 · 상태 · 대상을 선택할 수 있음을 나타내는 말.

✏️ **따라 쓰기** 낱말의 뜻을 생각하며 바르게 읽고 또박또박 따라 써요.

1 웃기 □□ 킥킥거렸어.

2 밥이 □□ 빵이 □□ .

3 추웠 □□ 덜덜 떨더라.

4 노래하 □□ 춤추 □□ .

5 얼마나 좋 □□ !

6 뭐 □□ 잘 먹어요!

✏️ **고쳐 쓰기** 틀린 낱말을 바르게 고쳐서 읽고 따라 써 보세요!

얼마나 슬프든지 울었어.

			∨				∨			

좋던지 싫던지 학생은 공부를 하는 거야.

			∨				∨			∨

		∨			∨			

되 -

VS

돼 -

뜻 되(다), 새로운 신분이나 지위를 갖다. 이루어지다.

뜻 '되(다)+어'의 줄임말. '되어'의 형태가 아닐 때는 쓰이지 않는다.

✏️ **따라 쓰기** 낱말의 뜻을 생각하며 바르게 읽고 또박또박 따라 써요.

❶ 의사가 [   ] 싶었어요.   ❷ 경찰이 [   ] 사람을 돕자!

❸ 비교가 안 [   ].   ❹ 비교가 안 [   ].

❺ 될 대로 [   ].   ❻ 될 대로 [   ].

잠깐 주목!
'되 | 돼-'가 헷갈리면,
'되어'로 바꿔 봐.
만약 어색하다면 **-되**,
자연스러우면 **-돼**!

✏️ **고쳐 쓰기** 틀린 낱말을 바르게 고쳐서 읽고 따라 써 보세요!

혼자 다니면 안 되. ⊜ 안 되어!

[   ]

저녁이 돼니까 바람이 불어서 시원해.

[   ]

[   ]

-장이 VS -쟁이

😊 어떤 기술을 가진 사람을 뜻하는 말.

😊 어떤 속성을 많이 가진 사람을 뜻하는 말.

✏️ **따라 쓰기** 낱말의 뜻을 생각하며 바르게 읽고 또박또박 따라 써요.

❶ 칼 만드는 대장 [   ].

❷ 개구 [   ] 내 동생.

❸ 도자기 굽는 토기 [   ].

❹ 겁이 많은 겁 [   ].

❺ 양복 짓는 양복 [   ].

❻ 얄미운 욕심 [   ].

✏️ **고쳐 쓰기** 틀린 낱말을 바르게 고쳐서 읽고 따라 써 보세요!

백설공주와 일곱 난장이.

[∨   ∨   ]

우리 엄마는 잔소리꾼 수다장이랍니다.

[∨   ∨   ∨   ]

[   ]

채 **vs** 체

뜻 있는 상태 그대로다.
'~한 상태로'와 같다.

뜻 그럴듯하게 꾸미는 거짓 태도나 모양.
'~한 척'과 같다.

✏️ **따라 쓰기** 낱말의 뜻을 생각하며 바르게 읽고 또박또박 따라 써요.

❶ 한복을 입은 [ ] 논다.

❷ 왕자인 [ ] 하다.

❸ 산 [ ] 로 잡았다.

❹ 아는 [ ] 했다.

❺ 양말 신은 [ ] 로 잤다고?

❻ 바쁜 [ ] 는 왜 해?

✏️ **고쳐 쓰기** 틀린 낱말을 바르게 고쳐서 읽고 따라 써 보세요!

고개 숙인 체 잠들었어.

보고도 못 본 채 딴전을 부리니?

우아, 맞춤법 공부를 모두 마쳤어요.
이제 우리는 맞춤법 달인! 꾸준한 노력의 결과가
탄탄한 실력으로 완성되기를
진심으로 바랄게요!
가자, 받아쓰기 만점!